国際政治思想

生存・秩序・正義

押村 高

勁草書房

国際政治思想——生存・秩序・正義

目次

目次

目　次

序章　思想は国際政治とどうかかわるか

はじめに

国際政治において道義が無力であることを論証するときは、十七世紀イギリスの哲学者ホッブズに手掛かりを求めるのがよい。また、民主主義国同士は戦争しないという「民主主義による平和」論の源流をたどれば、十八世紀ドイツの哲学者カントの共和主義思想に行き着くだろう。これらは、いわば国際政治学者にとっての常識である。

国際政治を論ずる際に、われわれは疑いもなく哲学的、思想的な類推を基にしている。そのように考えると、たとえ国際政治を研究する人びとに『レヴァイアサン』や『永遠平和のために』などの古典を読む習慣がなくとも、哲学や思想は、われわれが考える以上に国際政治の学問や実践に浸透しているといえまいか。

しかしながら、二十世紀前半まで密接な連携を保ってきた政治思想と国際政治学が、二十世紀半ば以降には疎遠な間柄におちいった。とくに東西冷戦のあいだ、アロン（Raymond Aron）、ホフマン（Stanley Hoffmann）、そしてワイト（Martin Wight）など英国学派（English School）といった例外はあるものの、国際政治学者が政治哲学者ないし政治思想家と連携することはほとんどなかった。

その理由のひとつとして、第一次大戦後の理想主義が招いた幻滅をあげないわけにはいかない。

大戦の惨禍を目の当たりにした欧米の国際政治学者たちは、当初、サン・ピエールやカントの平和思想に手掛かりを求めながら、国家連合の設立と戦争の違法化に向け知恵を出しあった。それは、国際連盟と「不戦（ケロッグ－ブリアン）条約」のかたちで実を結んでいる。

ところが、一九三〇年代に全体主義国が武力を用いて既存の国際秩序に挑み、しかもイギリスやフランスなどの有力国が「宥和」に傾くなかで、理想主義者はなすすべを失ってゆく。というのも、非戦の思想が戦争を違法化し、平和の重要性を自覚させることには有効でも、「起こってしまった戦争」の拡大を防ぐにはさほど有効ではない点が示されたからである。

現実主義者のカー（Edward Hallett Carr）は、理想主義者の挫折について論じた『危機の二十年』で、戦間期の理想主義を「ユートピア主義」と形容している。カーによると、戦争への嫌悪や平和への渇望は、国際政治の観察者の目を曇らせるおそれがある。[1]

カーの指摘の当否はおくとしても、戦間期における理想主義的風潮に関するカーの分析の影響を受け、国際政治学の関心は、第二次大戦後、むしろ平和におけるパワーの役割を重視するモーゲンソー（Hans Morgenthau）、ケナン（George Kennan）、キッシンジャー（Henry Kissinger）などのアメリカの現実主義にシフトしていった。

そればかりではない。東西冷戦がイデオロギー対立を生んだことから、思想は非妥協的な性格を持つものとして敬遠されてゆく。総じて、イデオロギー対立を超えるには科学的な思考や行動論的な分析が必要と考えられたため、思想という「観念論」は遠ざけられてしまった。

一方で、政策担当者への助言をあきらめかけていた思想の側は、反戦、反核というかたちでしかおのれを表現するすべを知らなかった。この間、政治学者たちの関心は、米ソの冷戦で硬直した国際政治ではなく、むしろ全体主義体制の再発防止や国内の民主化に向いていたといってよいだろう。政治思想研究と国際政治研究の離別が決定的になったゆえんである。

いずれにしても、東西冷戦は一九八〇年代末に終焉を迎える。そして冷戦が終わって二〇年以上たったいま、環境、金融、テロ、格差などのグローバルな問題群の噴出によって、問題解決の「ビジョンを示せ」といういっそうの要望が思想や哲学に寄せられている。それればかりか、近年における欧米や日本での国際政治思想論の隆盛には、思想がつぎつぎに新しいビジョンや構想を打ち出していった戦間期の再来といった感さえある。(2)

国際関係論の動向に目を配ると、フーコーやデリダなどのポストモダン思想の影響を受けたポスト構造主義的なコンストラクティヴィスト（constructivist）やリフレクティヴィスト（reflectivist）が、ひとつの思想潮流として、国際政治学の無視し得ない一角を占めてきている。(3)

一方、われわれが第6章で検討するように、ロールズ（John Rawls）ならびにかれの正義論を国際関係に批判的に応用したベイツ（Charles Beitz）が嚆矢《こうし》となって、セン（Amartya Sen）、オニール（Onora O'Neill）、ポッゲ（Thomas Pogge）、ヌスバウム（Martha Nussbaum）などの倫理思想家が、グローバルな正義の理論を探求し、それを途上国の貧困や飢餓の解消、あるいは地球的格差の縮小に活かそうとしている。

さらに、第2章でみるように、ヨーロッパにおいては、EU市民権を推進する人たちがカントの国際思想を再評価している。なかでもハーバーマス（Jürgen Habermas）は、カントのいうコスモポリタン権を、そのモノローグな性格を修正することで普遍的な人権思想に読み替え、コミュニケーションによって「排除のない世界」を導く理論の基盤に据えようとしている。

国際政治の現実に地殻変動が起きつつあるなかで、このように思想の構想力の再評価が進み、国際政治学と哲学はかつての連携を取り戻しつつあるかのように思われる。いやそれどころか、地球環境の悪化、地球的格差の拡大などの問題に臨んで、思想におけるイマジネーションの力抜きでそれらを解決することは不可能といってよいだろう。

本書は、国際政治思想という学問領域を開拓しようとする試みである。次章からは、思想が国際政治に与えた影響を考察し、また思想研究が国際問題の解決にどのように貢献し得るかを検討するが、それに先立つこの序章では、思想研究が国際政治の学問や実践とどのように関連しているのかを、今日の国際政治の課題と照らし合わせながら明らかにしたい。

1　戦後の国際政治思想論

国際政治学者は、学者によって国際事象の捉え方が異なることを説明するさいに、リアリズム（realism）、ラショナリズム（rationalism）、アイデアリズム（idealism）という三つのモデルを呈示する。国際政治学の教科書でも馴染みとなっているそれらの国際（無）秩序モデルは、いうまでもなく、それぞれホッブズ、グロティウス、カントがその原型をもたらしたものである。国際政治の学者たちは、このように政治思想家の手ほどきを受けながら、国際政治をモデルに置き換える作業に取り組んできた。リアリズムが分析モデル、ラショナリズムが推奨モデル、アイデアリズムが規範モデルであるという違いはあるものの、これらは、国際政治学の競合する三つの代表的アプローチとして、さまざまな事例の解説に応用され、政策担当者がなぜ特定の政策を採用するのかの説明にも用いられている。

英国学派の国際政治思想学

二十世紀後半における国際政治学の流れを振り返ったとき、英国学派のワイトほど、政治思想を国際政治学へ応用するのに熱心だった人物はいないだろう。冷戦のあいだも思想と国際政治の接点を探っていたワイトは、「政治思想は大きく変わらないし、思想の振幅は限られている」という仮説をもとに、国際政治思想を三つの潮流により分け、それぞれの論理の特質を解明した。(4)

ワイトが『国際理論』(*International Theory*) で相互に還元不可能なものとみなす三つの潮流とは、つぎである。

①国際関係をアナーキーとして描き出し、世界を競技場とみる現実主義者（realist）

②外交と商業における交渉、約束、制度、慣習の役割に期待をかけ、国際社会は一国家ではない

が一社会であるとみる合理主義者（rationalist）③人類全体による世界国家の設立を展望する革命主義者（revolutionist）

ワイトのみるところ、現実主義者はマキアヴェリ、ホッブズ、ヘーゲルによって、合理主義者はスアレス、グロティウス、ロック、バークによって、革命主義者はカント、レーニン、ウィルソンによって代表され、これらの三つの潮流は、国力、国益、外交、戦争、勢力均衡、国際法などの個別の論点において、それぞれ現実的、漸進的、急進的という異なった対応を推奨していた。すなわち、現実的な対応とは、力による自己の保全を優先した攻撃や防御であり、漸進的な対応は、外交慣習への信頼によって国家間関係に妥協を成立させようとするものである。急進的な対応は、国際関係をイデオロギー、理想、道義にかなったかたちにつくり換えることを目指している。

理論の呈示スタイルについていえば、現実主義者は帰納的方法を使って事実を社会学的な用語で分析し、一方、合理主義者は目的論的な口調で語り、アプリオリな推論を使って事象の合理的なあり方を指し示す。革命主義者は規範的な用語で語り、人間の果たすべき義務を命令形で明示するという。(5)

ワイトの掲げたこのような政策思想の分類が、冷戦終焉後の現在も妥当性を持つか否かはひとまず措くとして、かれがとくに「国際理論」（international theory）と名付ける「分類と類型の実験」は、(6)歴史や哲学への参照を得意とするイギリスの国際関係学が生んだユニークな成果であるといってよい。この業績によって、ワイトを、現代における国際政治思想学のさきがけに祀《まつ》ることもできるかもしれない。

とはいえ、われわれがここでワイトの分類学を国際政治思想論として引き継ぐには、いくつかの留保や修正が必要となるだろう。なぜならば、ワイトが、方法論と政策論の区別を曖昧にしたまま思想を論じてしまったからである。しかもかれは、マキアヴェリとマキアヴェリズムを等視するなど、「主義者」（人物）に焦点を当てたがために、思想家の貢献と「主義」の役割を混同してしまった。

そのような難点は、ワイトによる個々の思想家の位置づけにはっきりと表れている。たとえばワイトは、バークを「一貫性のない合理主義者」とみなしている。しかしながら、バークの保守思想の核心にある「深慮」（prudence）は、モーゲンソーもその概念の革新性を讃えたことからもわかるように、むしろ現実主義者の重視する徳目であった。

純粋分類学につきまとうこのような難点の自覚に立って、英国学派の二世代目に属するブル（Hedley Bull）は、ワイトの学説や方法の多くを踏襲しながらも、そこに修正を施す必要があると考えた。ブルが『国際社会論』（*The Anarchical Society*）において呈示したホッブズ的伝統、カント的伝統、グロティウス的伝統という三つは、分類項としてワイトのそれと大きく異なるところはないが、ブルがこの類型を取り上げた目的は、ワイトのそれと同一ではなかった。ブルは、「近代国家システムの歴史を通じて」この三つの思想が一定の役割を、並行ないし競合して果たしてきた点に眼を向けさせようとしたのである。(7)

とくにブルは、ワイトの分類では、二十世紀の世界政治の展開を思想潮流の先例のなかでしか理解できない点を問題視している(8)。ブルによれば、「国際社会」の歴史や現実は、ひとつの思潮ないしイデオロギーを主流に位置づけることによって説明しきれるものではなかった。そこには、ホッブズ的な自然状態論からカント的な連帯主義までの複数の学説が流れ込んでいるとみられる。ブルは、ワイトがこの点を理論へ十分に組み入れることができなかったと考えている。

ブルの読み方では、たとえばホッブズ的な現実主義が隆盛を極めた時代でさえ、共通の利益、そして規則や制度によって国際関係が改善されるとみるグロティウス的な国際社会の伝統が途絶えることはなかった。また、第一次大戦の終結時のように、ホッブズ的な理論が破綻を経験したあとには、現実主義の背後に退いていたカント的、グロティウス的なものが息を吹き返している(9)。

いずれにしても、思想の果たす役割の解釈に違いがあるとはいえ、英国学派のワイトとブルは、思想的背景に眼を配りつつ、国際政治学者の見解になぜ架橋しがたい隔たりが生ずるのかを解明することができた。英国学派のこの作業が、東西冷戦のあいだも、思想と国際政治の接点を維持するのに貢献したといってもよいだろう。

バウチャーとブラウンの思想分類学

とはいえ、ワイトやブルによって国際政治に接木された思想は、体系や一貫性のもとでとらえられた思想というより、背景から切断された「イメージ」に近いものだったのかもしれない。ワイトばかりでなく、ブルもまた現代の問題解決に資するような思想家のイメージを古典からダイレクトに引き出している。しかしそのような思想の扱い方は、思想研究者の眼にははなはだ不十分な代物にしか映っていなかったようだ。

たとえば、ワイトやブルによる現実主義思想の叙述においては、国家の絶対的な自立性を除けば国際関係についてホッブズがほとんどなにも言及していないという点、また、ホッブズのいう「現実」が、事例から抽象された物理的現実であり、史実からは隔たったものであるという点が十分に検討されてこなかった(10)。

さらに、われわれが第1章で詳述するように、マキアヴェリが現実主義者に属することに疑いはないが、現実主義の核心を成す理論のひとつである「国家理性」や国益という考え方は、十六世紀イタリアのカトリック思想家ボテロやプロイセンの啓蒙専制君主フリードリヒ二世らの「反マキアヴェリスト」が練り上げたものでもある。英国学派が展開したイメージとしての思想論は、このような思想の錯綜した継承関係を見落としがちであった。

このことへの批判を込めて、より綿密な思想研究に基づいた分類を提示しようとしたのがバウチャー（David Boucher）といえるだろう。バウチャーは、国際秩序の思想を政治理論の伝統のなかにたどった『国際関係の政治理論』（*Political Theories of International Relations*）において、思想家の現実認識と道義認識という二つの軸に、第三の「歴史観」という項目を加えて、よりいっそう政治思想史に軸足を移した分類を提示しようと試みる。

バウチャーによれば、国際政治の「現実主義」は、詳細に分析すると二つの異なった潮流から成り立っていたことがわかる。すなわち、パワーゲームとしての紛争の「繰り返し」(recurrence)を強調するホッブズのような現実主義者のかたわらに、道義の空白から文明ないし世界精神という上位段階が顕現するとみなすヘーゲルのような歴史進歩主義者がいた。

したがってバウチャーは、それらをワイトやブルのように「現実主義者」という一つの枠にくくるのをあきらめて、無時間的な推論を巡らす現実主義者と、歴史進歩を重視する現実主義者を弁別し、ワイトやブルの三分類を、経験的現実主義(empirical realism)、普遍的道義秩序論(universal moral order)、歴史的理性論(historical reason)という別の三分類に置き換えたのである。[11]

バウチャーの分類の意義として、人物や著作ではなく理念的特質に従って思想を位置づけている点をあげることができよう。たとえば、ワイトが「革命主義者」に帰属させたマルクスは、物質的なものが思想を規定していると考えたという点でバウチャーの分類においては「現実主義者」に、しかし同時に、人間性の変化や歴史の進歩を確信していたという意味では「歴史的理性論」に分類される。[12]

バウチャーはさらに、ストア派、ヴィトリア、グロティウスらによる普遍的道義秩序論の主張を、ツキディデス、マキアヴェリ、ホッブズらの現実主義に対するアンチテーゼとして、さらに歴史的理性論を、人間の本性を同一と仮定した普遍的道義秩序論へのサンテーゼとして描くことで、三者相互の時系列的な連関をも明らかにしようとした。[13]

このように、内容や本質に即した思想の分節化というバウチャーの視点から英国学派を点検してみると、ワイトやブルによる思想の分類が、現実主義的思考の優位という冷戦期の状況に強く規定され、東西対立を半永久的な現実とみなしていたという印象を拭い去ることはできないだろう。

いずれにしても、われわれはいま、冷戦終焉後の変動に応じた国際政治思想の座標軸を必要としている。そのような要請に応えるため、英国で活動しながら英国学派とは一定の距離を置き、グローバル化された世界における秩序観の思想的分類を提示した者として、規範理論（normative theory）を開拓したブラウン（Chris Brown）がいる。

ブラウンは、『国際関係理論』（*International Relations Theory*）において、冷戦終焉後の現実の変化を見据えながら、ワイト以来の伝統的な三分類とは決別し、代わりにコスモポリタン思想とコミュニタリアン思想の二項対立を分類の軸とした(14)。コスモポリタン思想とコミュニタリアン思想の対抗はヘーゲルによるカント批判という古い淵源を持つものだが、ブラウンはそれを、グローバル化以降の世界秩序をめぐる論争の軸として再定式化している。

コスモポリタンとは、すなわち権利義務の関係が、境界をともなう国家のような政治共同体のみでなく、境界のない（グローバルな）場においても成立すると考える思想家を指す。この流れは、十八世紀のフランス啓蒙主義者やそれを受け継いだカントによって代表されている。

ここで描かれるコスモポリタニズムは、国際関係を、「道義にかなった共同体の創造」という人類の課題の実践の場ともとらえ、人類が模索すべき共同体のなかにコスモポリタン共同体を加えてゆく。したがって、コスモポリタンにとって、国民国家を相対化する契機としての個人、そして正義や人権もまた、国際関係論が追究すべきテーマなのである。

一方、ヘーゲルを源流とするコミュニタリアンとは、道義の成立する実質的な「場」が、慣習として自生する共同体に限られるとみなす人たちを指している。すなわち、権利義務関係は成員間の thick な（根付きの深い）道義観の共有を前提としているが、それを手にすることが叶うのは、地域的な居場所をもつ集団、しかも「近接性」のもとにいる人間集団のみであった。

したがってコミュニタリアンは、互いに還元し得ない正義観を有する複数の共同体が共存することによって国際社会の正しい秩序が築かれるべきだと考える。その意味で、かれらにとって国際社会の原理は、主体の「多層性」の保持、規範や正義の「多元性」の保全でなければならなかった。

冷戦終焉後、現実主義と合理主義、あるいは合理主義と理想主義の境界が曖昧になりつつあるなかで、国際秩序の基本的な論争軸を提示したブラウンのこの分類は、グローバル化時代に「どのレベルで統治を行うか」という新しい問題を検討する際の参照枠となり得るだろう。この点については、第3章において詳述したい。

諸理論の由来をたどる

思想研究が国際政治学との連携を深める方法は、分類学や座標軸を提示し、国際秩序のパラダイムを導き出すことのみにあるわけではない。われわれは、政治思想の古典をひもとくたびに、現在の国際政治学が用いる分析概念のほとんどが、すでに近代の思想家たち、それも、ホッブズ、グロティウス、カントではなく、国際政治思想学ではあまり注目を浴びていない思想家によって展開されていた事実を知って驚くのである。

そもそも、国際 international という用語が、国家と国家の間柄を表すためにベンサムの鋳造した inter-national に端を発しており、さらに、外交 diplomacy という用語も、政治思想家バークが公文書 diploma を公文書の管理、交換の意に転釈して近代的語法を誕生させたことに由来する。

さらに、国際政治の重要なイシューの由来を振り返ってみると、「秩序と正義のジレンマ」についてはパスカルの『パンセ』やモンテーニュの『随想録』が[15]、「同盟」についてはスピノザの『国家論』が[16]、「勢力均衡」についてはフェヌロンの『テレマック』やヒュームの『政治論集』が、それぞれ定式化を試みていた[17]。

くわえて、「商業や貿易による平和」に関してはモンテスキューの『法の精神』が[18]、まさしくその起源ないし原型ともいい得る概念を呈示して、現実の分析に適用している。これらを思い起こすならば、国際政治学の由来そのものが政治思想の伝統と深くかかわっていることは、もっと強調されてよいはずである。

そのように考えると、古典を掘り起こして諸概念の起源を探索することも、国際政治学に貢献する方法のひとつかもしれない。ナッセン（Torbjörn L. Knutsen）の『国際関係理論史』（*A History of International Relations Theory*）、論文集であるがクラーク（Ian Clark）とノイマン（Iver B.

Newmann）の編集した『国際関係の古典的理論』（*Classical Theories of International Relations*）、ヤーン（Beate Jahn）の編集した『国際関係論の古典的理論』（*Classical Theory in Interantional Relations*）などは、そのような意図と目的をもって書かれている。(19)

以上の文献が明確に示しているように、われわれは、自覚を持つか否かにかかわらず、今日の国際政治学の分析概念の多くを、疑いもなく西洋近代思想の宝庫から調達している。したがって、諸概念の思想系譜を研究することは、国際政治の学問体系がどのように生成し、継承され、発展してきたかを解き明かすことでもある。

さらにわれわれは、そのような研究がもたらす歴史的背景についての知識に照らして、たとえば同盟や勢力均衡といった概念の今日的な有用性や限界について語ることができるだろう。

2　思想と現実の間柄について

国際政治の学者や実践家によって、思想にはしばしば「観念的（非科学的）」ないし「非現実的」という批判が浴びせられてきた。そのことは、国際政治学者が思想に眼を向けるのをためらう理由のひとつともなっている。国際政治の思想を論ずるこの書は、このような批判への十分な応答を余儀なくされている。

前節で述べたように、現代国際政治学で展開される分析や理念のほとんどは、近代思想家がその原型を整えたものだ。権力、秩序、正義、戦争などの問題には時代を超えた共通性があり、さらに同盟、介入、帝国、相互依存などの問題は、古典古代より人類にとっての共通のテーマであり、問題の本質が大きく変化しているわけではない。

そのことはまた、秩序と正義のジレンマ、権力と利益のパラドックスなどの難題に対する解決策を、ツキディデス、キケロ、バークといった思想家に求めることが、時代錯誤ではない点を物語っている。

思想は非現実的か

今日のように「現状をどう変革するか」、また「改革をどう進めてゆくか」が問題となる時代には、眼前で繰り広げられる現実を実証的に分析し、直面する問題への対処策を検討するのみでなく、国際政治を扱う学問の拠って立つ前提をも吟味しなおす必要があるように思われる。

そしてそのためには、国際政治学がどのようなツールを用いて、どのような価値観を擁護し、どのようなパラダイムの上に成り立っているのかを、思想的に評価する作業が不可欠なのである。国際政治学が、数世紀という長い相で思索する哲学研究の助けを借りなければならないゆえんかもしれない。

実際に、時間軸をこのようにより長くとるならば、現実主義理論が「現実における変化」をとらえ損なった例が多くあることがわかる。また逆に、「非現実的」という評価を浴びせられていた思想のなかに、現実の進む方向を正確に言い当てたものがあったこともわかる。

リアリズムを標榜しながら、変化の由来や過程を十分に説明できず、変化の行方を予測できないという批判を、ラギー（John Ruggie）やアシュレー（Richard Ashley）から浴びているウォルツ（Kenneth Waltz）流のネオ・リアリズムが前者の例であり、[20] われわれが第2章で詳しく考察するように、カントの思想は後者の運命をたどったものである。

というのも、カントの提唱した自由な諸国家による連合やコスモポリタン法は、十八世紀においては実現を展望できるようなものではなかったし、また、さし迫った課題であった「君主の野望による戦争」の防止に有効だったとはいえないだろう。しかしながら、長い時間軸でみると、「共和制こそが平和に親和的である」というカントの命題の正しさは、二十世紀以降の歴史によって証明されている。

それればかりではない。カントの展開した「商業の促進は平和に貢献する」、「地球上の一地域の権利侵害も地球全体で感知される時代がくる」、「各国家は戦争とその負担に耐えられなくなって、平和な国際関係を志向するようになる」などの主張は、国際関係が実際に進む方向をことごとく言い当てていた。

このように考えると、さし迫った課題への取り組みに気をとられ、「理念が実現されるプロセス」を軽視することは、「変化という現実」に眼を閉ざすことになるばかりか、いま起きていることの本質をとらえ損なう原因となるかもしれない。

国際関係論の現実認識への批判

そのような問題関心から、国際関係論のポストモダニズム、コンストラクティヴィズム、リフレクティヴィズムなどと呼ばれる思想潮流は、クーン（Thomas Kuhn）のパラダイム論やディスコースの分析を用いて、今日の国際政治学の主流が「現実」として認識するものが現実主義者の世界観や価値観の投影でしかないことを、浮き彫りにしようとしてきた。

いうまでもなく、国際政治学は、近代の戦争を契機に西欧で生まれた比較的新しい学問である。その意味で国際政治学は、国民国家以外の共同体を実現可能なオプションとして検討してこなかったといってよい。あるいは、国際政治学においては、前・国家的ないし未・国家的な状態から主権国家へ進むという単線的な歴史が、理論の前提とされていた。

しかるに、たとえば政治思想史の視点からみると、人類が国民国家という仕切りで暮らすようになったのは、十八世紀という近過去以降にすぎない。つまり、ポリス、封建共同体、キリスト教共和国などをも研究対象に含む政治思想史においては、伝統的共同体や帝国が「一般」であって、国民国家が「特殊」であるという史観も成立しうる。

そのような史観に立って国際政治学を読み直すならば、現実の国民国家を「客観的に分析している」とされる国際政治学も、実は近代国民国家という特別な共同体を暗に「推奨している」のがわかるだろう。このように、無意識のうちに現実を「あるべき姿」として肯定しがちな国際政治学そのものを相対視するのに、政治思想研究はもっとも有利な位置にいる。それればかりではない。メタ理論の立場から社会構成主義的な思想分析を施してみると、行為主体について国際政治学よりは柔軟なアプローチを持つといわれ、非国家的な活動体にも眼を配っているとされる国際関係論（ＩＲ）もまた、特別なバイアスを帯びた学問のひとつだと考えることができる。

実際に、「新思考」の国際関係論者といわれるウェント（Alexander Wendt）やアシュレーは、そのような視角から、現代の国際関係認識のなかに、個人の自由やアイデンティティを主権国家という「鋳型」のなかに押しとどめようとする近代人の渇望を読み込んだ。(21) とくにアシュレーは、現実主義理論の自己達成予言的な成り立ちを指摘して、現実主義がもたらす膠着を打開する可能性をミクロレベルでの「実践」に見出そうとしたのである。(22)

同様に、ウォーカー（R. B. J. Walker）やティックナー（Ann Tickner）らも、国際関係論にいわば近代的思考の特徴ないし欠陥である主客の分離、肉体と霊魂の区分、自然と作為の対照などが増幅されて取り込まれており、学問としてＩＲが、その認識の硬直性によって現実の複雑な推移をとらえ損なう恐れがある点を指摘していた。(23)

いわゆる新思考の国際関係論者に従うと、国際関係理論が依拠する主体と客体、私事と公共、国内と国外、内国人と外国人、内政と外交、秩序と無秩序、戦争状態と平和状態、雄々《おお》しさと女々《めめ》しさなどの二項対立は、観察者に対して、実際には対立のない二物を対立するものとして把握せしめる可能性があった。なお、そのような「理論が現実の闘争状態をつくってしまう」というプロセスは、国際関係論者に十分に自覚されることがなかったのである。

それればかりではない。二十世紀にアベリストウィス（Aberystwyth）のウェールズ大学で平和学として始まり、のちに海を越えてアメリカに渡り、一九二〇年に「外交の民主化」とともに広まった国際関係論には、西洋の個人主義や自由市場主義、とくに第二次大戦後に国際政治学の本拠が形成されたアメリカの価値観や科学観が投影されている。この点を、「アメリカの学問としての国際関係論」（An American Social Science: International Relations）を書いたホフマン以来、多くの社会科学者が指摘してきた。(24)

コンストラクティヴィズムやリフレクティヴィズムが示したように、このようなIRのバイアスは、フーコーによる「常識」の系譜化にならった学問の主要概念の脱構築やクーンの方法を用いた学問パラダイムに対する思想史的な反省によってこそ、明るみに出すことができる。

もちろん、これらすべてが国際関係論のデメリットに相当するというわけではなかろう。それどころか、二十世紀アメリカの国際政治学にしても、モーゲンソーやキッシンジャーといったヨーロッパ大陸からの移民や亡命者がその基礎を築いたものであり、それを個別文化の産物、ないしアングロ・アメリカ的なものと決めつけることはできない。

それでも、国際政治学ないし国際関係論が明示的ないし暗示的に擁護する価値観に対して、ポストモダン社会科学の諸潮流、なかでもカルチュラル・スタディーズの流れから異議が申し立てられているという事実は、それらが文明バイアスを帯びた学問であることを示して余りある。

このように、思想研究は、国際事象についての学問それ自体の「思想性」を、メタ学問の立場から問い直すという視点を提供し得るに違いない。

3　問題領域の拡張

もはや、主権国家を国際社会の唯一のアクターとみなすことはできなくなった。このことを受けて、国際政治学がパラダイムの転換を迫られている。

とはいっても、現実と学問パラダイムのあいだに生まれたこの乖離は、国際政治学の諸々のアプローチの限界であると同時に、「境界」や「閉じた共同体」を重視してきた近代政治哲学の行き詰まりを示すものでもあった。言い換えると、国際政治の課題に応え、国際政治学の前提を見直そうとする思想研究者の側にも、意識改革が要請されている。

主体の探索

近代以前には、教皇、皇帝、教会、封建領主、自治都市などのさまざまな権限体が境界を越えて活動していた。しかしながら、近代以降は、国家が国際政治の基本ユニットになり、ウェーバーもいうように領土内における強制力と制裁力の唯一の正当な独占体となってゆく。

これにともなって、政治思想研究者たちは、ボダン、ホッブズの主権論の果たした先駆的な役割の解明に勢力を注ぎ、また、その主権を民主主義に接合したルソーの人民主権論を政治思想の「主流」として取り扱ってきたといってよい。さらに、それらの研究によって得られた成果を、途上国の国家建設や民主化に役立てようとしていた。

他方で、国家主義や民族主義を擁護するナショナリストたちの多くは、国家論のなかでも、とりわけ閉ざされた共同体を理想とみなしたプラトンからトマス・モアをへて、ルソー、フィヒテ、ヘーゲルに至る思想家に関心を向けていた。アイデンティティを統合し、また地域相互の確執を克服する理論として、ルソーの「一般意思」やヘーゲルの「民族精神」を国民統合の基礎づけに用いようとする後発国の指導者もいた。

しかしながら、国内政治と国際政治との境が曖昧になりつつあるいま、政治思想研究者は、自らを国家共同体という呪縛から解き放ち、その視野を、再び主権国家以外、民族国家以外の多様な政治共同体に広げてゆく必要があろう。

冷戦終焉後の現代は、「新しい中世」とも呼ばれる。国連、多国籍企業、NGO、市民団体、地方自治体などの権限体やネットワークが交互に主体を演ずるような時代である。その点からすると、思想研究者がその対象をたとえば初期近代、つまりさまざまな中間団体がネットワークを築いていた十五世紀、十六世紀などにずらしてゆくことには大きな意義がある。

「主権論や社会契約論こそが近代政治思想の主流」というこれまでの位置づけを改めることによ

って、政治思想研究者は、代替的な秩序構想を練りつつあった思想家、しかもこれまであまり光の当たらなかったような思想家を発掘し得るかもしれない。たとえば、キケロとストア派、トマス・アクィナスとトミスト、ヴィトリアとサラマンカ学派、パスカルとモラリスト、さらに、人民の一般意思（ルソー）ではなく「人類の一般意思」を論じていた啓蒙思想家ディドロ、自然法や「事物の本性」という反主権の思想を展開したモンテスキューなどがそれにあたる。

次章以下で詳しく考察するように、かつて社会科学者は、国民国家という大前提のもとで、なによりも国益と国富の促進に役立つ学問を志し、しかも、各国がみな自己利益を追求する主体であるとの想定のもとで研究を続けていた。そのうえ、国益追求の結果として生まれる世界的な均衡状態を、操作不可能なもの、改良不可能なものとして描いてきた。

当然のことながら、世界政治は、各国家の闘技のアリーナであり、また国益追求がもたらす偶然の産物でもあり、人智でデザインすべきものではないと考えられた。かつてワイトが、「なぜ国際理論が存在しないのか」（Why is There No International Theory?）という論文において、国内の政治理論が「共通善」を追究するのに対して、国際理論は各国の「生存を目指す理論である」と述べたゆえんである。[25]

しかしながら、われわれはいま、グローバルな体制やレジームについて、そして世界的な共通善についておぼろげながらも「デザインできる」ようになってきた。なるほど世界政府はまだ存在していない。将来も設立される見込みはないかもしれない。

それでもわれわれは、ネットワークやレジームといった、国内的な統治とは異なる管理の仕組みを考案し、グローバル公共政策を実施しつつある。国内の民主政治から類推するにははなはだ不十分なものとはいえ、実際にそのプランに沿うかたちでグローバル・レベルの決定が下され、執行されている。

けれども、それらをより民主的で正当性にかなったものにしてゆくために、国際社会はなお、新しい秩序構想とそれを生み出すための議論を必要とする。あるいは、問題解決により多くの人びとを動員するため、規範や正義についてのコンセンサスを導かねばならない。その課題には、思想や哲学が応えてゆくほかないのである。

新しい課題とどう取り組むか

もちろん、国際政治の課題のなかには、グロティウス、ヴァッテル、カント、ヘーゲルといった近代思想家が深刻化を予測できなかったものも多く含まれている。地球環境の悪化、核拡散の脅威、地球的格差の拡大などが、まさしくそれに相当するだろう。しかしだからといって、思想研究がそれらの問題の解決策を提示できないというわけではない。

たとえば、人道的介入の正当性をどう論ずるかが、現代の国際政治学の重要な課題に数えられている。しかるに、思想史はこれまで、介入や武力行使の問題に対する解答を、トマス・アクィナス以来の「正義の戦争」の議論の蓄積のなかから引き出そうとしてきた。実際にイグナティエフ(Michael Ignatieff)やウォルツァー(Michael Walzer)といった現代の思想家は、冷戦終焉後の人道的介入の是非や条件を検討する際に、トマス・アクィナス、グロティウス、ミルの思想に「武力行使と正義」の論じ方の手掛かりを求めている。[26]

なるほど、冷戦終焉後に国連やNATOが行った介入は、勝利を目指して国家同士が戦った過去の戦争とは位相を異にする。介入にさいして用いられる軍事的手段も、その技術や規模において過去のものとは大幅に異なっている。しかし、われわれが本書の第4章と第5章で検討するように、その場合でも、ヴィトリア、グロティウス、ヴァッテルの「戦争への正義」(jus ad bellum)および「戦争における正義」(jus in bello)に、実際の介入の適否の判断基準を探し求めることには有用性がある。

実際に、二十一世紀にはいって国際社会は、民族紛争の激化という差し迫った課題への対応のなかで、ルワンダ紛争、ボスニア紛争などへの介入の教訓に学び、介入の是非を判定する規準として「保護する責任」(responsibility to protect)という概念を編み出した。[27]

そこには、介入の「正当事由」、介入を決定する「正しき権威」などの伝統的な正戦論の概念が流れ込んでいるが、このことは、この概念を案出した「介入と国家主権に関する国際委員会」(ICISS)が、着想の多くを過去の思想家たちから得ていた証拠といえるだろう。

さらに、思想研究がグローバルな政治に貢献し得るいまひとつの分野として、「グローバルな社会正義」の問題をあげることができよう。もとより、今日の国際秩序が、スタートライン、過程、結果それぞれの不平等を含むという事実を何人も否定できない。しかしわれわれは、それがどのような意味で「不平等」に相当するのかを、現状を分析するのみでなく、プラトン、アリストテレス、キケロの正義の議論に参照したときにはじめて理解することができる。

本書の第6章においてみるように、この点については、シンガー（Peter Singer）、セン、ヌスバウム、ベイツ（Charles R. Beitz）といった思想家が、すでにキケロ、カントの思想を掘り起こしながら、格差を解消するための政策上の提言を導いてきた。いま、かれらの分析や提言は、実際に「人間の安全保障」や「ケイパビリティー・アプローチ」という名で呼ばれ、国連開発計画（UNDP）の援助政策に取り込まれている。

もちろん、近代政治思想の成果のなかには、そのまま現代の問題群へあてはめるわけにはゆかないものも多い。たとえば、先進国の福祉理念としての「健康で文化的な最低限度の生活」スタイルについていえば、全地球人がそれを享受するならばエコシステムが破綻し資源が枯渇するだろうことを考えると、それを人間の普遍的なニーズを論ずる基準として採用するのは難しいだろう。

言い換えると、思想研究者は、近代の西欧思想家の自然権や人権の概念の祖述に甘んずるのではなく、あらゆる地域の人びとに適用可能な「豊かさ」の基準について、「富裕な国の人びとのライフスタイルの見直し」をも含めて考え直さねばならないのである。センやヌスバウムの「ケイパビリティー・アプローチ」は、そのような要請に応えようとするものであった。

国連を中心とする国際社会は、「MDGs」、「ジュビリー2000」、「グローバル・コンパクト」などの標語のもとで、貧困（国）の根絶を目指している。これらの救済策に思想研究者が「社会正義」の概念によって基礎づけを与え得るならば、援助の優先順位もより明確になり、援助に携わる人びとはその活動に新たな意義を見出すにちがいない。

最後にいまひとつ、思想が国際政治に貢献し得る新しい領域をあげるならば、グローバル化の時代にその役割の重要性が増し、普遍的正義を導く手段のひとつとみなされているコミュニケーションや対話をおいてほかにない。今日、ハンチントン（Samuel P. Huntington）のいういわゆる「文明の衝突」を阻止するために、異文明間の対話のルールをどう確立するかが国際関係論の緊急の課題として浮上しているからである。

この点については、リンクレイター（Andrew Linklater）やダルマイヤー（Fred Dallmayr）が、ハーバーマスが展開した「理想的発話状況」（Ideale Sprechsituation）の論理を国家間や文明間の対話に応用して、一定の成果をあげてきた(28)。センもまた、アダム・スミスの「公平な観察者」（impartial spectator）の論理を発掘して、排除を生まない対話とは何かを追求している。かれらの理論を発展させる作業も、グローバルな政治への貢献につながってゆくだろう(29)。

いずれにしても、対話やコミュニケーションを通じて公正なグローバル秩序への道筋をつけるために、国際政治思想は、「現場の」課題にも積極的に応えてゆく姿勢を持たねばならない。グローバル・イシューズの解決策を導くための理論の土台を思想が提供し得るならば、思想研究と国際政治学の協力関係はいっそう深まり、政治思想研究は再び国際政治学の不可欠な一部となるに違いない。

第1章　国家理性論の系譜としての現実主義

はじめに

国家理性（staatsräson, raison d'État, reason of state）とは、個人の道徳や通常の法規からの「逸脱」を合理化し、違反の「阻却」を求める論理である。それはまた、国際的な規範や条約の遵守より国家の生存を優先するという「国益」（national interest）の論理の礎石となっている。

この用語の開拓者ないし第一使用者がだれかについては論争が戦わされ、その論争は依然として決着をみていない。しかしわれわれは、「国家を最上位におく論理」の発生が、政治自体の誕生期にまでさかのぼることを容易に確認し得るだろう。

たとえばアテナイでは、紀元前五九四年にソロンに全権を委譲し、また紀元前四一一年には民主制を廃して「四百人会」に権限を与えるなど、危機状況の際にそれをしのぐための「例外的な」対処策が講ぜられた。また、古代ローマの場合も、危急時には独裁執政官（dictator）が半年に限って任命されていた。

一方、政治思想の伝統においては、政治哲学の創始者のひとりであるプラトンが、『国家』において、ポリスの生存が問題であれば、国家元首が敵方や市民に「虚言を行うことも可なり」と論じている。(1) さらに、のちにわれわれが見るように、マキアヴェリは、君主が国家の偉大化という職務を全うするために「よくない人間となり得ることを習う必要」があると述べたのである。

いわゆる例外状況ないし危機状況にさいして国民は、国家の維持・存続ないし公共の安寧の回復のため、濫用のリスクを引き受けつつも一者への「絶対的権限」の付与に同意するだろう。ナチスドイツの「全権委任法」でも明らかなように、この瞬間に妥協、討論、説得、先例といったいわゆる政治の「リベラルな装置」は中断し、さらに国家は、対外関係において、自らが条約の遵守義務から免れたと解釈するのである。

危急時に国家が講ずる措置を弁証する論理は、合法性ではなく「必要性」であり、国家は、それを充足させるためであれば、介入、脅迫、暴力、密約などの手段を正当化する責任を負わない。その意味で、国家理性は、「国家の主要な義務は社会正義の執行である」[2]という国家理念とは対立し、法の支配や法治国家といった理念とも緊張関係に立つことになる。

古典古代よりの政治思想の伝統が築き上げたところの、国家ユニットの存続という必要性から諸々の政策を導き出そうというこのような発想が、現実主義の国際政治思想に無限の着想を与えたことはいうまでもない。そこで本章では、現実主義の核心を国家理性論にみて、それが近世、近代においてどのように生成・発展してきたのか、さらにそれがどのようにして国益論に練り上げられていったのかを概観してみたい。

1　マイネッケ以後の国家理性研究

国家理性という用語の由来については、従来、ドイツの歴史学者マイネッケ（Friedrich Meinecke）の指摘にしたがって、一五四七年にイタリアの反宗教改革派の大司教ジョヴァンニ・デルラ・カーサ（Giovanni della Casa）がカルル五世への書簡で用いた region di Stato にあるとされ、それを理論化した人物がボテロ（Giovanni Botero）であると考えられてきた。(3)しかし、二十世紀半ばにマッテイ（Rodolfo de Mattei）は、ギッチャルディーニ（Francesco Guicciardini）がこの語をボテロに先だって（一五二三―一五二七頃）使用していた点を明らかにした。(4)さらにザルカ（Yves Charles Zalka）が近年に刊行した国家理性についての研究書は、デルラ・カーサが別の文献に残した「今日、人々が国家理性と呼ぶところのものは」という注目すべき記述を掘り起こし、少なくともデルラ・カーサが概念化する以前に、口語でこの言葉が一般化していた点を論証している。(5)

十六世紀初頭あるいは中葉にイタリアで流通し始めたこの語の由来について、なお曖昧さが解消されたわけではない。けれども、「国益」の母体である国家理性概念が、十六世紀後半から十七世紀中頃にかけて、ヨーロッパわけても周辺の大国により脅かされていた中規模国家群のイタリア、大国の輪郭を整えつつあったフランスとスペイン、および王国を形成する以前のプロイセンに広範な影響を及ぼし続けたことは、ボテロ、パルタ、アンミラート、ボッカリーニ、リシュリューなどの著作によって裏付けられている(6)。

いうまでもなく、その時期は、「普遍」としてのカトリック共同体が断片化され、「個別」としての主権国家が生成・発展した時期に符合する。国家理性概念の急速な需要は、その概念によってこの本質を表すことのできるような状況がヨーロッパ中にみられ、しかも、その概念が実際に多くの秩序問題を解決するのに有用だったことを示している。

マイネッケの定式化

この概念は、二十世紀ドイツの近代史家マイネッケによる再定式化以来、とくにマキアヴェリを連想させるものとなっている。これは『近代史における国家理性の理念』(*Die Idee der Staatsräson in der neueren Geschichte*)において、国家理性こそ国家がならうべき行動の格率、いや国家固有の運動の法則であったと説く際に、マイネッケが政治のマイナス・シンボルとみなされていたルネサンス人マキアヴェリを復権させたことによる。

歴史学派の一人クローチェ(Benedetto Croce)が、政治学を善悪の判断から切り離し、政治固有の法則を発見した功績をマキアヴェリに帰したのとほぼ同じころ、マイネッケは、政治術の源流をたどる作業のなかで、「地獄という恐怖を知らない、古典古代の素朴さでもって国家理性の本質を徹底的に思考しようという畢生の事業に着手した一パガン(pagan)」マキアヴェリに注目していた。

国家がそれぞれ「異なった利害」を持つという確信は、カトリック普遍秩序を解体し、近代国家システムを生み出す原動力であった。マイネッケが復権させたのは、「抽象的普遍（自然法論）」と絶縁し、国家という「個別な利益」に基づく実践的学問を導出し、さらに深慮を最高善から切り離して「存続」に結びつけた先達マキアヴェリであった。マイネッケによると、マキアヴェリは「国家理性」という概念を使用することこそなかったものの、かれの思考を、「国家理性についての不断の省察」とみなすことができる(7)。

このようなマキアヴェリの位置づけは、学説史的なものとしてではなく、いうまでもなく、トレルチと同時代人のマイネッケが抱いていた「ドイツ文化という個別性の賞揚」という実践目的との関連で理解される必要があるだろう。いずれにしても、「自然法思考からの解放や権力の力学の解明」が啓蒙主義に先立たねばならないと解釈するマイネッケにとって、近代国家の生みの親は、ホッブズやルソーといった社会契約論者ではなく、マキアヴェリだったのである。

マイネッケ国家理性研究への批判

しかし、クローチェやマイネッケが行ったこのような指摘に対しては、これまで多くの異論が提起されてきた。二十世紀後半の国家理性をめぐる論争の大半は、両者がマキアヴェリをその概念の発見者とみなしたことの当否をめぐって繰り広げられたといっても過言ではない。

この論争への参画者を、スネラール（Michel Senellart）にしたがって、三つの陣営に分類することができるだろう。(8)

まず、中世史家カントロヴィッツ（Ernst H. Kantorowicz）と法制史家ポスト（Gaines Post）は、マキアヴェリが政治学を神学や道徳学から独立させる以前に、つまり著述家としてのマキアヴェリが知れわたる以前に、君主が「法や慣習の上に立ち、なお理性の支配を受ける」ような国家理性観念が存在していたことを根拠にして、マキアヴェリを第一発見者とみなすことはできないと論じている。(9)

とくに、「公益の理、統治者の理、国家理性」（Ratio Publicae Utilitatis, Ratio Status and 〈Reason of State〉）と題されたポストの論文は、国家理性を、①個人利益より一般利益を優先し、②緊急事態における例外的措置を正当化し、③より高度な倫理的目的に奉仕するための道徳律侵犯を容認し、④より大なる悪を避けるために小なる悪を許容し、⑤目的により手段を正当化する思考であると要約したうえで、そのような思考が、中世十二世紀にソールズベリーのジャン（Jean de Salisbury）によって公共の理 ratio publicae や統治者の理 ratio status のかたちで展開されていた点を明らかにしたのである。(10)

他方で、まったく異なった視角からマキアヴェリの国家論に言及し、国家理性を、マキアヴェリの死後に案出された概念、つまり、マキアヴェリのあずかり知らなかった発想であるとみなすのは、フーコーであった。(11)フーコーはとくに、マキアヴェリの主題が、君主が相続や征服によって領地の安全を増強することであり、国家の無期限の安全ではなかった点を強調する。

なるほどマキアヴェリは、「深慮」(prudence) の意味を組み替え、権限よりも「実際の力」から君主を考える、その時代にはまれな思想家であった。しかし、マキアヴェリは結局のところ、臣民にも気を配るという司牧力 (pouvoir pastoral) に対抗するため、君主の私的な権勢を統治理論の機軸に据えようとしたにすぎない。

フーコーの区別によると、「権限」は法や権威から生まれ、力によって強制される意思であるが、国家理性を成り立たせる「統治」は、むしろ国家という「期限を持たない」最高目的のための手段でなくてはならなかった。マキアヴェリは、「君臨の術」を唱えることによって「統治の術」の成立を阻害したことになる。

実際、のちにみるように、国家理性論においては、統治への君主の不用意な介入は国家の存続を不安定にするものと考えられる。むしろ、君主の影響を免れた「人格それ自体としての国家」の構築が目指されるのである。

さらに、国家理性がマキアヴェリの知圏にはなかったばかりか、マキアヴェリが国家理性とは対立する論理に従っていたととらえるのは、政治学者のフリードリヒ (Carl Friedrich) であった。[12] フリードリヒによれば、国家理性の問題は、国内の道義的な価値体系と領土の安全という至上命題との「葛藤」や「緊張」がきっかけとなり意識される。

言い換えると、マキアヴェリは「国家を至上価値とみなし、その保全の手段を正当化する」かぎりにおいて、その葛藤を描けなかったことになる。というのも、マキアヴェリズムにおいて、国家の最高目的性が自明であるとするならば、国家はそのことを正当化する理由を見出す必要がなく、国家理性も存在意義を失うからである。

同様の点は、バーリン（Isaiah Berlin）によっても指摘されている。バーリンのみるところ、マイネッケは、マキアヴェリが非道徳的手段の日常的使用を唱え、その「例外状況のみでの使用」という考え方を受けつけなかった点を見落していた(13)。

本章の視座

国家理性が神学的、倫理学的、形而上学的な理性から政治学を独立させる拠点となったことは怪しむに足りない。この点でのマキアヴェリの影響は疑うべくもない。しかし、マイネッケのごとくこの概念に十九世紀的ドイツの国家論を投射し、マキアヴェリを民族国家論の先駆者に祭る解釈は、時代錯誤という批判を免れないだろう。

実際にマイネッケは、都市国家の君主の保身術を越えて、「民族共同体の福祉」という国家理性観をマキアヴェリに読み込もうとしているが、これは十九世紀ドイツの国家観そのものであるといわざるを得ない。

実際に、国家理性を育んだのは、平常時には道徳や規則に従うべきだが、非常時にはそれを逸脱することもやむを得ないというマキアヴェリとは異質な論理にほかならなかった。それどころか、のちにみるように、近代的国家理性概念を国家の自己保全の論理と解するならば、むしろそれはボテロを中心とする「反マキアヴェリスト」によって練り上げられたものでもあった。しかも、マキアヴェリが国家理性の領域と通常道徳の領域を区分けしようとしたのに対して、フィヒテやヘーゲルは、国家理性の道義的な正当化、つまり国家理性と道徳との再結合を試みる。マイネッケが国家理性の延長線上に描こうとする現実主義政治（Realpolitik）は、その時にようやく姿を現すことになる。

いずれにしても、国家理性の系譜の研究をマキアヴェリから始めることに異論はないとしても、マイネッケの図式をそのまま用いることはできないだろう。本章でわれわれに求められているのは、国家理性論の系譜が複数存在することを前提としたうえで、マイネッケとは異なった角度から国益へと至る国家理性論の系譜を描くことである。

もとより、国家理性は複数の観念の複合物であり、体系的な分析に堪えない「心情・態度・見解」に近いものかもしれない。[14] しかし、時代を貫く国家理性の共通要素を探ってみると、その候補として以下の四つを指摘しておくことはできる。すなわち、①非常時における法侵犯、②通常の理性を凌駕する深慮の可能性、③効率のための秘匿の要請、④非道徳的な力の行使、である。[15]

これらの主張は、いつ、どのようなプライオリティーで生まれたのか。さらに、法治国家に還元されない「術」としての政治の可能性を追究する主体は、いったいだれなのだろうか。そして危機とは、現実の危機なのか、あるいは想像上の危機なのか。国家理性濫用防止の保障とは何なのか。

もともとこの概念は、「絶対」権力と「一時的」措置という相反する要素を内包するものであるが、国家思想家たちはその矛盾に対してどのような解決を試みたのだろうか。これらの課題の検討が、次節以降のテーマとなろう。

2　マキアヴェリと状況理性

マキアヴェリが『君主論』において掲げた警句、すなわち「自分の身を保持しようとする君主は、よくない人間となり得ることを習う必要があり、またこの態度を、必要に応じて（secondo le necessità）行使したり、行使しなかったりする必要がある」は、以下の点において、国家理性概念の誕生を予告するものとなった(16)。

まず、マキアヴェリが描く統治の領域は、「たとえ天が落ちようとも、正義を行わしめよ」（fiat justitia, ruat caelum）という伝統的な統治の格率とは別の次元に設定されている。そればかりではない。マキアヴェリの一節は、キケロが道徳と有用性のジレンマに対し解答として与えた金言「道徳的に正しくないものは、たとえそれによって便宜と考えられるものを得たとしても、決して便宜ではありえない(17)」をも、全面的に覆すものであった。

善く生きるから生きるへ

マキアヴェリの説くのは、君主、それゆえに王国の生存への配慮が、「正義を中断させるに足る事由である」という点にほかならない。古代、中世の政治学が単に「生きる」より「善く生きる」ことを目的とするアリストテレス理念の強い影響下にあったことを考えると、生存を最高目的とするマキアヴェリの政治観の斬新さは争えないだろう。

マキアヴェリによれば、「善く生きる」という格率は、むしろ「道徳建って国滅ぶ」という事態を招く恐れさえある。「人民の安全が最上の法たるべし」(Salus populi suprema lex esto) という発想自体は、別段目新しいものではない。しかし、国家の安泰のために暴力や抵抗、不誠実や嘘という非道徳が用いられたとしても、君主はそのことを正当化する義務を負わないという発想を、かれ以前に見出すことはできない。

「たとえ美徳のようにみえても、自分の破滅に通ずる。一見、悪徳のようにみえても、自分の安全と繁栄がもたらされる」[18]。したがって、存在という価値は、道徳的基盤を持ち得ないし、持つべきでもない。「正義の政治」と「生存の政治」とは、対抗するというより、異なった領域で営まれるべきなのである。

「読む人の直接役に立つものを書く」[19]ことを目指したマキアヴェリの学問的な改革で、道徳から解放された政治学は、学問として独立を果たしたというより、むしろ「必要」(necessità) に服することになったと述べたほうが適切かもしれない。

マキアヴェリによると、君主の置かれた状況とは無関係な立場から、普遍的位相で説話を語る道徳的な命題は、政治学とはみなされない。政治学は、あくまでも状況に合致することを「深慮」によって導くものである。正当性ではなく「必要に応ずる」のが政治の法であり、統治者は、この新たな綻に従わねばならない。

もとより、中世においては、道徳的に中立なものとしての「理性」を描くことは不可能であった。したがって、善悪の判断力ないし真理の追究よりむしろ有用性に導かれるマキアヴェリの深慮は、政治固有の領域と技術の存在を示すものにほかならなかった。

もっとも、ルネサンス期という時代背景のもと、マキアヴェリにおいて、その政治固有の領域が古代異教徒の「蘇り」の思想によって基礎づけられていたことも忘れてはならないだろう。すなわちマキアヴェリは、具体的な状況のなかでめぐらす深慮を、最善を尽くす力＝ヴィルトゥ（virtù）の概念に結びつけ、統治者の資質をその力に裏づけられた自由意思（libero arbitrio）に見出した。「戦いに勝つには法律と力」が必要であり、後者は野獣の方法であるとマキアヴェリはいう。しかし君主に対してだけは、両者を使うことを推奨するのである。君主が法に縛られる（legibus alligatus）かあるいは法の上に立つ（legibus solutus）かをめぐる古来の論争に対して、マキアヴェリはためらいなく後者に軍配をあげる。

その際に、僭主と君主の区別は、マキアヴェリによれば道徳的、法的なものでは決してなく、その行為が「必要に裏付けられているか否か」によって決まる。実際にマキアヴェリは、必要が命じていないときに同郷人を殺傷したり、味方を裏切ったりするような行為、あるいは信義も慈悲心も宗教心もない行為を、ヴィルトゥとみなしてはいない。

必要性は偉大さの父であり、「選択による」より「必要に迫られた」行為が、偉業をなしうる前提であった。必要は、ヴィルトゥが発揮されるのを許すいわば強制装置ともいいうるだろう。逆に、必要に迫られたときに「人間がヴィルトゥを欠くならば、運命＝フォルトゥナ（fortuna）は自分の力を思いのままに発揮する」[20]。したがって、たとえば戦争はヴィルトゥの発現の場となり、人間が人間らしく生きるための条件に似た何かとなる。

こうしてマキアヴェリは、アウグスティヌスが批判した権力欲（libido dominandi）を蘇生させ、「領土欲が、きわめて自然で、あたりまえの欲望である」[21]とみなした。国家を取り巻く環境という観点からすると、マキアヴェリにとって平時とは戦争の一時的欠如でしかありえなかった。言い換えると、マキアヴェリは、戦時と平時の区別、攻撃と防御の区別を撤廃したことになる。

中世では戦争が目的（正義・報復）達成の「手段」のひとつであり、過渡的状態であったとすれば、マキアヴェリにおいて戦争は、それ自体が「目的」であり恒常的な状態をなす。

中世国家理念からの決別と近代国家理論の誕生とのあいだ

マキアヴェリの状況論理が国家理性の誕生への一里塚となったことには、疑いを入れない。とはいえ、マキアヴェリの統治論と近代的な国家理性概念のあいだに明白な断層が存在することを見逃すべきではないだろう。つまり、マキアヴェリにとって stato は、都市に居場所を持つ具体的な一君主の地位、権勢、所有物であり、地理的な境界をともなった至上的、包括的、排他的共同体でもなければ、民族が築くような主権国家でもなかった。

かれが取り組んだのは、いわば主権ないし古代ローマ法学の最高権限の論理を使わずに、どのように統治者の行動を国家の生存という目的に合ったものにするかという課題でもあった。そこで、競合勢力の排除や領土拡張という目的が設定され、その目的達成の度合いが統治者の正当性をもたらすという仕組みが考案されたのである。当然のことながら、マキアヴェリの国家論の力点は保全より獲得に置かれている。

さらにいえば、マキアヴェリのいうフォルトゥナは、いわばキリスト教の「摂理」「天の配剤」の代替ともいうべきものであり、なるほどそれは目的論的な自然と切断されてはいるものの、なお時間、空間の等分認識を原則とする近代的な利害概念と必ずしも両立し得るものではなかった。

実際に、かれのいう有用性とは、経済的な効率とは無縁な、権勢拡大にともなう安心感の達成に過ぎなかったのである。コスモスは解体したが、自然科学による秩序認識を欠くこの時期に、領土規模、領民数、金銀保有量などの慎重な計算を土台とし、それらを増殖させようとする国益の観念はまだ生まれていなかったと結論すべきだろう。

3　国家理性と利益概念――ボテロとリシュリューの場合

「国家理性」についてのマイネッケ以降の研究は、かれの指摘に反するかたちで、マキアヴェリが固有の意味における国家理性の発見者ではないことを明らかにした。もっとも、それらの研究は、マキアヴェリが「国家理性の開拓者たちに影響を与えなかった」ことを証明するものではない。のちの国家理性論においてマキアヴェリのなにが受容され、なにが拒否されたのかを解明することが、われわれには残されている。

ここで、国家理性概念の由来をたどる際には、マキアヴェリと「マキアヴェリズムという言説」を区分けする必要があろう。というのも、結果による手段の正当化ならびに非道徳な手段の許容を表すマキアヴェリズムが、カンパネッラ、ジェンティリなどの「反マキアヴェリ陣営」による造語である以上、マキアヴェリズムを国家理性の神髄であるとみなせば、以下に扱うボテロのような「反マキアヴェリスト」たちの国家理性への貢献を見落すことになるからだ。

国家の保全としての国家理性

『国家理性論』(*Della Region di Stato*) を著したボテロは、マキアヴェリズムを、暴君的統治としてむしろ糾弾の対象にしている。国家の力が「神の恩寵や寵愛」によることを疑わないボテロにとって、支配と所有の両者を含む統治は、厳格に神法の規定に従うべきものだった。十六世紀後半、マキアヴェリのイメージは「政治学の鬼子」に近いといっても過言ではない。しかし、そのような背景があるとはいえ、この反マキアヴェリズム的言説は、単なる社交辞令とみなされるべきではない(23)。

最終的に「教会」への従順さえ説くかれらは、マキアヴェリ的発想に対して「信仰の侍女としての」理性を弁護し、中世の統治者の理 ratio status への復帰を訴えたのである。このような展開を考えると、マキアヴェリズム、カトリシズム、国家理性の三者の関係は、図式化を許さないほど複雑であることがわかる。

しかし、倫理的・宗教的な正当性のみでなく、統治の技術的な合理性を君主に要求するとき、ボテロは疑いようもなくマキアヴェリの成果を摂取していた。つまりボテロは、統治術には、君主の正当性の確保だけではなく、「国力をいかに生み出すか」という戦略がなければならない点を洞察していたのである。

国家の拡大には、人口の増大、資源の確保、戦争での勝利、富の生産などが必要であり、この現実的諸条件の改善を図る理性が、ボテロのいう国家理性のなかに胚胎している。国家を「樹立し、保全し、拡大させるのにふさわしい方法の知識(24)」と定義された国家理性は、ボテロによって君主の保身策であることを止め、具体的な領土を常数としたうえでの合理的な思考に組み替えられてゆく。

言い換えると、そのような理性は、君主の「実践」から、君主さえも順守すべき国家行動の非人格的な「理論」へと変わっており、そこで問題となっているのは、国家の存続にはなにが必要かという純粋な「知識」であった。マキアヴェリではなくボテロによって国家理性が登場したといわれるゆえんである。

統治を一般理論に結晶させることに腐心したボテロは、まず、国家の存続を脅かし、弱体化する要因を識別し、つぎにそれを除去する方策を検討するという論理手順に従った。

国家滅亡の原因とは、すなわち外敵による策略、君主の無能、臣民の不服従であり、これらをどのように取り除くかが、国家理性が回答を与えるべき第一の課題となる(25)。くわえて、ボテロにとって領土の規模もまた、国家の存亡と密接な関係を持っている。つまり、小国は外敵によって、大国は内部の騒乱によって滅ぶという点をボテロは看取していた。

ヴェネチア共和国の繁栄に示唆を得ただろうボテロは、国家の存続を攪乱する要因への対処として、奪取ではなく勤勉による富の蓄積を推奨する。こうしてボテロは、一般的な格率として、富に執着しない中規模国家こそが外敵に対してよくもちこたえ、存続という点で最も有利であるという結論を導くのである(26)。

ボテロはまた、国家の存続が、国内的な階層構造と深い関連を持つ点を指摘している。国家の階層は、ボテロによって、それぞれ異なった行動原理を持つ上層、中間、下層に区分される。そのような区分けに基づいてボテロは、中間階層を、利益充足で満足を得るすべを知る穏健な階層として位置づけ、一方、失うものを持たない下層を、国家存続への潜在的な危険として描くのである。

ボテロの考察は、国家を安定させるため臣民をどのような職業に就かせる必要があるか、という点にまで及んでいる。「国家を増大させ、人口を増加させ、あらゆる財を国家にあふれさせるために、手工業の存在や技術・職業の豊富さほど重要なものはない」[27]。

このような指摘は、人びとを利害関係で結ぶことが国内安定の決め手となり得る点をいち早く認識している点で注目される。商品交換、貨幣流通、資本蓄積の重要性の自覚からボテロが導いた統治の秘訣は「臣民を忙しくさせせよ」であった[28]。

以上のような考察に基づくひとつの結論として、『国家理性論』の「補遺」でボテロは、「国家理性とは、利益理性以外のものではほとんどない」と言い切っていた[29]。

個人の利害は、のちに、公共の利益と対立する概念として立ち現れるが、ここではまだ、のちのリシュリューが格闘する利害の分化や対立といったやっかいな問題が、自覚されることはなかった。なぜならば、ボテロは利益を思い描く際に「節制」という古代の徳目にも同時に期待をかけ、それを国家の準則のなかに読み込んでいたからである。

両者のあいだに対立が生じても、それは中庸によって克服される。中世において公的な事物の安定性は、神が樹立し、命じた秩序への一致により生まれると考えられていたが、ボテロもそのような確信を捨て切れなかったといえるだろう。

ボテロの論理の全体からうかがい知ることができるのは、かれが獲得よりも「保全」に労力を割いている点である。「人は力によって獲得し、叡智によって保全する」[30]。

ボテロは、拡大や獲得の重要性を否定しているわけではないが、マキアヴェリとは異なって、それらが存続の「必要条件」であるとはいわなかった。結果的に、戦争に対して消極的な立場を貫いたのは、ボテロが「スペインの過剰散開による衰退」という事例を念頭に置いていたからかもしれない。

戦争と国家理性の関係についていえば、ここで重要なのは、ボテロが戦争の効用ではなく「戦争というメタファー」の有用性を見抜いたことだろう。「国家を保つ最も良い方法は、反乱、峰起、内乱からそれを保証し、臣民を友情で結び、ともに戦える敵をつくること」であるというボダンの主張にならい(31)、ボテロは国家理性の格率のひとつに「外敵の発見」を組み込んだ。

正戦論の脈絡からいうと、ヴィトリアが定式化したように、「戦争の大義」はまさしく「平和」であった。しかし、平和が成就したあと、確実に「内乱」が続くのであれば、平和は国家安定の方策としては役立たない。そこでボテロは、戦争の目的を、国外の敵の除去ではなく国内の敵対関係の解消に置き換えてゆく。

スペインは絶えざる戦争で統一を獲得したが、フランスは和平で宗教的内乱におちいった。両国の違いをこのように分析するボテロは、国家を安定させるのに、「敵」に対して結束することが有効であると唱えたほぼ最初の人物とみなしてよいだろう(32)。

臣民の有機的な結合や外敵の撃退のみでなく、外敵というメタファーの効果的な利用と経済的な利害の共有、これらがボテロの描いた最適国家の条件である。このようにして、自称「反マキアヴェリスト」ボテロは、政治の論理をマキアヴェリの呪縛から解放することを目指し、他方で「国家理性」（region di stato）と神法との両立を探りつつも、「結果として」国益の土台となる発想をもたらしたのである。

統治の合理化と国益概念の誕生

国家理性論は、十六世紀イタリアでその萌芽が現れたときには、なにより国内の治安問題を解決するための原理であった。なるほどボテロの国家理性は、自動調節作用を備えた安定というイメージを土台とするがゆえに、マキアヴェリよりもはるかに一般的な国益概念に接近している。

しかし、ボテロの国家論は、なお近代国家の国益の論理とは異質なものを含んでいた。なぜならば、ボテロの描く国家は、領土を対象とした行政や経済の組織化という発想とは無縁であり、それが君主や統治者の格率であったとしても、統治手段の合理化ではなかったからである。十六世紀国家理性論が国益概念と隔たっている最も大きな要因は、前者において、主権という概念がいまだ未成熟だった点にある。

そのように考えたとき、国家理性概念と国益概念の橋渡しをした人物として、フランス絶対王政期の宰相リシュリューを見逃すことができないだろう。政治的権威が有効であるためには、それが単一の源泉に由来し、単一の全能な知性によって秩序づけられねばならない点を洞察していたリシュリューこそが、君主の権限と物理的な権力の両者を統治のもとで総合し、国家理性を行政や管理といった政治の術に高めたからである。

絶対王政と国家理性は、論理的にみれば必ずしも親和性を持つわけではない。つまり、国家の優先が「絶対」であれば、それを反証する責任は通常の道徳の側に移り、国家理性を弁証する必要は薄れるだろう。実際に、リシュリューにとって、国家の主権は神から国王に委譲されたものであり、国王の役割がむしろ「神を支配の座に置くこと」である点に疑いはなかった。

しかし、ボテロとともにリシュリューは、国家の偉大さが、君主の権限の弁証のみによってもたらされるわけでないことを見抜き、主権をテコにいかにしてヒトやモノを生み出し、いかにそれらを統率するかという問題にも取り組んだ。こうしてリシュリューは、世俗化された国益概念への一歩を踏み出したのである。

リシュリューが、統治の世俗化や合理化に向かったのは、宗教的な信条、君主への忠誠、封建的な伝統が、もはや個人の主要な行動原理ではなくなりつつあったという背景とも関連している。行動の原則が流動化すると、平時には「利益」が、非常時には「生存」が目指されることを、われわれは歴史において繰り返し目撃している。

しかし、「理性こそが国家の掟であり、導きの原理でなければならない」とみるリシュリューにとって[33]、このことは、統治を合理的に行うためのひとつの機会でもあった。なぜならば、そのような状況のもと、君主は情ではなく理によって国家をより合理的に導くことができるからであり、臣民もまた、利害計算によって服従することの新しい意味を見出すことができるからである。

リシュリューが活動した時代は、まさしくヨーロッパ社会における利益概念の成熟期に重なっており、理性の意味は、費用と効果を計算する能力に近づいていった。したがって、リシュリューの絶対君主擁護論は、私的な利益の増殖のなかで、公的な利益を保全する主体として、君主以外のものを見出せなくなったという時代の現実にも対応していたのである。[34]

リシュリューにとって公共の利益（intérêts publiques）とは、つきつめていえば「秩序ある国家」であり、それは、諸階層の自然的な均衡や調和によってではなく、軍事、商業、行政のトータルな管理によって成立する。[35] こうして利益とキリスト教道徳は、フランス・カトリック国王の政策のなかで両立を果たすのである。

国家理性は一種の法であるが、その法は君主の口から語られる「生ける法」でなければならない。社会は、身分や職業における多層性を許容するが、[36] 国家は諸階級のすべてを、公共の利益である主権的な意思の指導に服従させせなければ成り立ち得ない。

リシュリューを国家理性から国益へといたる思想の系譜に置き直したとき、かれの二重の役割が浮かび上がってくるだろう。まずリシュリューは、近代的な主権の概念をテコとして、君主個人の人格を超えた「国家公益」という統治の目標を導いている。つぎにかれは、その目標に役立つように人間の判断能力を向上させるため、「深慮」の意味を、正しき思考でも状況（必要）のなかでの最善でもなく、国益増殖という目標に対する手段の適合性という「計算」へと組み替えていった。思想においても政策実践においても、利益という可視的な指数が統治の業績になり、それが正当性を継続的にもたらすという構造がリシュリューによって築かれたのである。

4　国家理性の道義化――条約破棄の論理として

ボテロとリシュリューの国家理性論は、国家理性が統治術の「標準」として言及され、非常時の特例措置とはみなされなかった点にその特質がある。しかし、アンミラートとノーデへ連なるいまひとつの国家理性論の潮流は、国家理性の論理の位相をずらしつつ、国益概念の土台となる別の原則を開拓してゆく。

すなわち、アンミラートとノーデは、国家理性を、むしろ通常理性を凌駕する事由、ないし通常理性に背反する場合はそれを阻却する事由として展開してゆくのである。アンミラートは、国家理性に「公共善の尊重のための、もしくはより偉大で、より普遍的な理性の尊重のための、通常理性に対する侵犯」という定義を施すさいに、[37]国家理性と通常の統治を混同したボテロを批判している。

この論理を推し進めたもうひとりの人物が、十七世紀のノーデ（Gabriel Naudé）であった。かれもまた、クーデタ（Coup d'Etat）という用語によって非常事態を象徴させ、国家理性の意味を厳格化している。十七世紀に一般的な政治用語となるクーデタを、ノーデは「君主が、困難かつ絶望的な局面に臨んで行使を余儀無くされる、勇敢かつ特別な行動である」と定式化した。[38]

クーデタは「通常の法に反するかたちで、正義の命令も形式も守ることなく、公益のために、私益を危険にさらしつつ」行使される。[39]「大なる正義を行うためには、小なる悪を行うことが許される」と言い切ったノーデはまた、[40] クーデタにおいては行動が正当性に先立たねばならないという理由から、古代より悪徳のひとつであった「秘匿」を国家理性の属性に加えている。

ドイツの現実主義政治 Realpolitik まで

しかしながら、地域全体に拡大しがちな宗教戦争および内乱、さらに国内の非常事態やクーデタなどが政治の主要課題であった十七世紀が終わり、不干渉原則の定着により各国の中央集権化や「主権国家によるヨーロッパ秩序」が軌道に乗り始めると、非常手段の正当化事由としての国家理性概念の有用性は減退する。国家理性は、むしろ外交の領域で新たな有用性を獲得してゆくことになる。

十八世紀に国家理性概念が、個人道徳や国内法制の違反の阻却のみならず、国際規範を侵犯し、条約を破棄する口実して一般的に用いられていたことは、『百科全書』に挿入された「国家理性」の項目によって確認することができる。その項目が、危急時に「他国とのあいだで、不正を行うことを許す」論理という国家理性の新しい側面を強調する学者に言及し、[41] それに反論を試みているからである。これは、国家理性が十八世紀に国内の問題を離れて、「国家の死活的利益のために条約を破棄する論理」として語られるようになった証拠とみてよいだろう。

『百科全書』は、国家理性を理由にして他国へ不正を加えることが容認されれば、国家は「不信と持続的戦争」の状態におかれ、「世界大の無秩序に扉を開く」として、国際規範より国家理性を優先する論理を糾弾している。[42]それは裏返せば、国家理性が条約を破棄する口実になる危険性が、現実のものだったということだろう。

いずれにしても、『百科全書』の説得や警告は奏功することはなかった。ヨーロッパ公法を凌駕する理由としての国家理性論は、『百科全書』を手にしていただろうドイツの啓蒙専制君主フリードリヒ大王（一七一二―一七八六）とドイツ観念論哲学の巨頭ヘーゲルによって、国家の存続を国際規範よりも優先する論理として再定式化される。十九世紀中頃までに、ドイツ人の手によって「国家理性は再び、現実主義政治 Realpolitik という新しいラベルで台頭するのである」[43]。

フリードリヒは、国家理性が「道徳と調和するように」行使されるべきであると明言し、『反マキアヴェリ論』まで書いて、自らとマキアヴェリとの異同を鮮明にする。しかし、フリードリヒの直面した国内の治安問題は、マキアヴェリの時代のイタリアほど救いがたいものではなく、ドイツ国内においてはさしあたり国家理性と道徳との調和が可能であった。

しかもフリードリヒが国家理性の問題に取り組んだ時代においては、コンリング（Hermann Conring）、アッヘンヴァール（Gottfried Achenwall）によってドイツで統計学が発達し、さらにイギリスにおいてはペティ（William Petty）、ダヴェナント（Charles Davenant）によって、国家の富や人口の効果的な計算法が考案されるなど、国家利益の算定の精度は飛躍的に向上していた。[44]

国内の治安問題の決着に、クーデタや内乱などの不測の事態への対処を神髄とする国家理性論を動員する必要性は薄れていたのである。そのようななかで、国家理性が、国内問題ではなく、対外関係の問題を処理する論理としていっそう有効であることを見出した人物こそ、ほかならぬフリードリヒだった。

フリードリヒは当初フランスと同盟を結んだが、シュレージェン戦争が始まると、対オーストリアで苦戦していたフランスやバイエルンを援助することなく、交戦国オーストリアと密かにクラインシュネレンドルフの密約を結び、事実上、同盟を反故にしている。

実際にフリードリヒは、人間としてはためらいを見せながらも、君主として、自国民にそれ以上の戦争の惨禍が及ばないようにするなど「国家の一段と大きな利益」や「一段と大きな力」に配慮した場合には、条約の侵犯が「道義的に正当化される」ことを論じているのである(45)。

「重大な動機がある場合には条約を破棄するも可能なり」というフリードリヒを、国家理性という政策哲学を意識的に国際政治へ適用した最初の有力国統治者とみてよいだろう。

国家理性の道義化

フリードリヒが開始した作業を受け継いだのは、アングロ・サクソンの個人主義道徳に抵抗して共同体の論理を展開したヘーゲルであった。

非常時に法治国家を覆す論理であった国家理性は、「政治的共同体の具体的な諸道徳が、あらゆる個人の心に根を下ろしているなんらかの不変的かつ普遍的な道徳より劣っているという考えを痛烈に批判した」[46]ヘーゲルによって、国家という個別性の道義的価値を弁証する論理として格上げされてゆく。ヘーゲルのこのようなコミュニタリアン思想によって、国家理性が「法治主義を上回る道徳性」を獲得したことは格段に重要だろう。

すなわち、ヘーゲルに従えば、自由を個人の権利に矮小化するような法治国家は、個人の私利活動への外面的強制によって成り立つ擬似的秩序であり、共同体にふさわしい真の平和をもたらすことはない。「他者に迷惑をかけない、他人の権利を侵害しない」という便宜的な市民社会の個人道徳は、最終的には古代ギリシアの政治的統一の近似物ともいうべき、人倫の最高段階としての国家という共同体精神に席を明け渡さねばならない。

個人の道徳やその権利の保障は、政治の役割のうちの最少の部分にすぎない。なぜならば、それだけを守ろうとする政治は、ひとたび国家の脅威が訪れれば、諸個人が財産を抱えて逃走することを許し、だれも国を守ろうとしない状況をもたらすからである。民族共同体の重要性を市民に気づかせる機会が戦争であり、国家が、市民社会で私利に没頭する個人を「戦争という現実」を介して共同体や民族に引き戻すという。

それどころかヘーゲルによれば、条約や国際法はあくまでも達成目標としての「当為」にとどまり、現実態かつ最高善としての個体の「存在」（生存）と比べて二義的な価値しか持ち得ない[47]。つまり、国際規範の根拠は道義性の源泉としての国家の個別意思のみにある。ここからヘーゲルは、死活利益が国際法と衝突する場合に、国家共同体は必ず後者を無視するだろうと結論してゆく。

　このようにして、ヘーゲルにおいては、反個人主義（通常理性への敵意）、国家的個別性の擁護（普遍道徳との決別）、例外状況の一般化（生と死をめぐる闘争）という三つの要素が、プロイセンの国益のなかで一体化されてゆく。なお、国家は存在するという命題は、国家は存在すべきであるという「当為」にまで高められている。

　もっとも、このことは必ずしもヘーゲルが法治国家を否定して権力国家（Machtstaat）を賛美したことを意味するわけではない。ヘーゲルはまた、無限の拡大を自己目的とするような国家を最良の国家としたわけでもなかった。

　なぜならば、覇権的な諸勢力は、それぞれが自己保存に専念しながら、それでいて「世界史の意味と目的である人類の教育（陶冶＝Bildung）という、より大きなプロジェクトにその痕跡を残してゆく」からだ。(48) この意味で、普遍国家には否定的なヘーゲルにも、国家を超えるヨーロッパ文明や世界史という領域が存在していたことを忘れてはならないだろう。(49)

　しかしヘーゲルにおいて、文明の帰趨は「歴史に内在する理性（精神）」のなせる業であり、アプリオリに人智が決し得るものではない。そうである以上、さしあたって各国家にこのような全体利益に配慮する義務はなく、各国家は国内的全体性と国際的個別性の保存という義務のみにしたがって行動する。ここにまぎれもなく、現実主義政治が完成することになる。

おわりに

十八世紀後半は、各勢力による均衡状態が構築されたばかりではなく、それが外交の目標となり、「ヨーロッパ公法」として各君主にも内部化される時期にあたる。

国際政治の実践家や理論家の認識において、国家理性は、「市場」で経済主体が行う活動との類推も手伝ってか、国際関係のアクターの「目的合理的行動」の準則として解釈されてゆく。各主体が合理的に国益を追求すればするほど、システム全体の安定が強まるといういわば「国家システム理性」が、古典的現実主義者の国際関係認識の核心を成すに至ったのである。(50)

これを、権力政治（Machtpolitik）と利益政治（Interessenpolitik）というビスマルクの区別に即していえば、バーチル（Scott Burchill）が指摘するように、国益概念は、ユニットの閉鎖性や独立性を前提としつつ「疑似公共性」をもたらす勢力均衡理論とともに、覇権の論理を利益の論理に置き換え、無制限の暴力と競争の時代を終わらせるのに一定の貢献をなした。(51)

ヨーロッパ国家システムの一応の安定を受けて、国際政治の学問の場においては、各国家による自己利益の追求を全面的に肯定する考え方が、主流となってゆく。すなわち、ユニットがほかのユニットの意思や力をコントロールすることができない以上、複数の国益の衝突の結果として生まれる世界（無）秩序は、その結果について「事後的に」評価を下し得るだけであって、一国あるいは数カ国があらかじめ設計することも計画することもできないとされる。

そこから、国際政治学の対象は、あくまでも「国益」にとどまるべきであり、国家横断的な公共性や共通善にまで拡大されるべきではないという理解（個別主義）が生み出される。二十世紀のモーゲンソーが、国際政治学の使命を、諸国家の力学の解明と外交を通じての国益相互の調整、さらに開明的な視点に立った自国利益の追求へと置き換えてゆくのは、そのような学問的背景のなかにおいてであった。

このかぎりにおいて、十六世紀以後イタリアの国家理性概念、ドイツの現実主義政治、ならびにアングロ・サクソンの利益概念を混合して、それらを、外交官が追求すべき「政治的価値」つまり「国益」に結晶させた人物としてモーゲンソーを描くことができるだろう。

国内政治学が共通善を追求するものであるのに比して、国際政治学は、各主体が自己保存のみを目的としているため、国家を超えた共通善への展望をあきらめて、主体の生存をより確実なものにすることのみに注意を払うべきである。このような了解を土台にしつつ、国益の追求は、二十世紀のモーゲンソーによって国家の道義的な目的にまで高められる。

政策の目的であり、かつ政策の効果測定の尺度ともなった国益は、国家内部の集団（中間集団、利益集団）、国家外部の集団（他国）、超国家集団（帝国、国連）など、つねに固有の標的を持っていた。かつてリシュリューの時代に、国家内部の集団とは「身分」や「ユグノー」を意味し、他国とはスペイン、ドイツ、イギリス、超国家集団とはハプスブルクによるフランス包囲網であった。

冷戦期アメリカにおいて、国家内部の集団とは「利益団体」であり、他国とは「ソ連」ないし「共産圏」、超国家体制とは「世界政府を待望する世論」である。(52) モーゲンソーやケナンのいう国益が、リベラリズムや法・道徳万能主義という「心理的ムード」に冷水を浴びせる言説でもあったことを思い起こすべきだろう。(53)

二十世紀における政治の官僚化や技術化の進展にともない、権力の神秘性の除去、決定の偶然性の排除、政策策定のプロセスの透明化が目指されてきた。しかし、グローバル化の時代においてさえ、政治には法手続きにも予測可能性にも尽くせないグレイ・ゾーンがつきまとうことを、だれも否定することはできないだろう。かつて、その中間領域は「例外状況」や「非常事態」と言い換えられ、その最たるものが戦争であり内乱であった。

マキアヴェリからモーゲンソーまで、国家理性の思想系譜を横断する核心とは、つきつめていえば、生存を確保するため、予測不可能な事態に対処する「深慮」や「術策を展閉できる余地」を日常の道徳や法制主義の立場から自立させようという運動にほかならない。

第2章　ユートピアの現実性

――カント主義の展開とヨーロッパの平和実践

はじめに——平和という理念、戦争という現実

グローバル秩序の構築においてヨーロッパ人が果たした役割を振り返ると、かれらが人道や平和を好む人種ではなかったことに気づかされる。実際に、近代以降に限っても、ヨーロッパ人は他地域の人びとよりも悲惨な戦争、虐殺、破壊を多く体験している。

非西洋地域への血なまぐさい征服と入植から、異端者の弾圧と宗教戦争、ヨーロッパ文明内戦争でもあった二度の世界大戦、そしてナチのホロコーストに至るまで、「文明ヨーロッパ」は残虐行為の首謀者であり、ヨーロッパ人は内部においても他地域に対しても自決権や人権の蹂躙者として振る舞った。

しかもこれらの蛮行は、正義、保護、文明化、近代化などさまざまな名目によって正当化されたのである。世界各地域の歴史を見わたしてみても、ヨーロッパ人に匹敵するほど好戦的かつ独善的だった人びとはいないだろう。

しかしながら、やや角度を変えて人間精神の歴史をみるならば、ヨーロッパ人ほど、戦争を根絶するために格闘し続けた人びとがいないこともまた真実である。空間的に限定されているとはいえ、ヨーロッパはほかの地域に先駆けて不戦共同体、すなわちEUに代表される「永遠平和の計画」を成就させようとしてきた。

さらに、ヨーロッパはこれまで、外交、条約、ヨーロッパ公法、マルチ・ナショナルなガバナンスなど、国際関係を改善するための新機軸が実験された土地であり、またエラスムス、グロティウス、カントなど、戦争のない世界を展望する思想の多くが湧き出る源泉でもあった。

ヨーロッパ史のダイナミズムのひとつは、戦争という悲惨がまずそこにあり、それに打ちのめされた人びとがそれを現実として容認するが、やがて、「理性」に訴えかけながら「人間の弱点」を克服しようという人びとが現れ、かれらの描くユートピアが、現実のものとなってゆくという過程にある。

そして、このような過程を導いたのが、カントのいう、平和は自然状態に刻み込まれていないので「創設されなければならない」（『永遠平和のために』第2章）という課題認識であった。

> 諸国家はしばしば戦争を起こして互いに侵略し合い、相手の国家を服従せしめようとするが、こうして絶え間なく勃発する戦争から生ずる困窮こそが、これらの国家をして、それが自己の意思に反するものであっても、世界公民的組織の結成を余儀なくするのである（「理論と実践」第2章）。

ヨーロッパにおける国際平和への取り組みは、国際政治思想史という観点からみると、現状維持的ないし宿命論的な世界観から脱して、意思論的な世界観へ移行するための努力とみなすことができるだろう。

このような移行はまた、現実主義者のE・H・カーもいうように、「リアリズムが引き出す論理的帰結を回避するよう追い求め続ける」人間意思が、国際関係において一定の役割を果たすことを示しており、さらにまた、ユートピアニズムがこの点において大きな効果を発揮し得ることを証明しているのである。(1)

カント的思想の現実的貢献

ニコライディス (Kalypso Nicolaidis) とラクロワ (Justine Lacroix) が指摘しているように、持続可能なヨーロッパ秩序をどのように構築し、運営するかという問題に対しては、近代以降、大国主導の覇権的な構想と平等な国家間関係という構想の二つが存在した。

十九世紀ウィーン体制下のように、覇権による秩序や大国の協調が重視され、小国やマイノリティーの不満を圧殺することがヨーロッパの安定を意味した時代があった。しかし、その覇権的な平和構想のかたわらにはつねに、ヨーロッパ国民を平等とみなし、またヨーロッパを世界共和国の一部とみなそうというユートピア思想が存在した。(2)

なるほど、このヨーロッパ史におけるイデオロギー闘争において、カント的ユートピアが主流を占めたことはめったになかった。しかしながら、今日われわれが二十世紀以降における国際連合、地域統合などの進展、そして戦争違法化の過程を振り返るとき、カントこそが歴史の進路を正確に指し示し、カント的ユートピアがヨーロッパの平和に現実的な役割を果たしてきたことがわかるだろう。

その意味で、カント的理念は「革命主義」(revolutionism) であり、国家中心主義は「現実主義」(realism) であるというワイト (Martin Wight) のカント解釈は、カントの思想が形成され、受容された背景を必ずしも正確に映し出してはいない。(3) それどころか、ファイン (Robert Fine) とコーエン (Robin Cohen) が論ずるように、ヨーロッパの近現代が歩んだ道は、つぎの点でカントの見解の現実性を裏づけているように思われる。(4)

①カントは、国民国家にとって戦争のコストやリスクが重荷になることを、現実的な分析に基づいて呈示した。

②貿易や商業精神が平和の促進剤になるというカントの見解は、グローバル経済の時代の到来を予言していた。

③カントは、共和的価値を君主的価値より上位に置いたことにより、政府の形態の変化を正確に見通していた。

④世界の一地域の権利侵害があらゆる場所で感知されるというカントの陳述は、現代のグローバル化時代の道義的な共感のあり方を示している。

カント自身は、コスモポリタン的な秩序が現実ではなく「理念」であり、世界史における先例なき実験にすぎないと考えていた。しかし、道義的な目的は、「それが不可能なことが論証されない限りは」その追求をあきらめるべきではない、というカントの格言こそが、ヨーロッパ人が自らを改良し、平和の先例をつくるさいの倫理的動機となったことは確実である。

道徳的な目的という理念に従って行為することは、目的が実現されうる理論的蓋然性が少しもないとしても、それでもなお、それが不可能であると証明されえないのであれば、それこそがわれわれに課される義務なのである〈〈公法〉「法論の形而上学的定礎」『人倫の形而上学』〉。

言い換えると、われわれはヨーロッパ史を、カント的な「行為義務」によって人びとが自然状態を脱して平和と安全へ向かってゆくプロセスとみなすことができるだろう。ナッセン（Torbjörn L. Knutsen）がいうように、ルソーとともにカントは、人類の「意思的性格」を強調したことにより、ヨーロッパ・ヒューマニズムを政治の世界に適用したのである(5)。

本章は、カントの思想それ自体を検討することではなく、ヨーロッパの平和実践における「カント主義」の遺産を探りあて、カント的ユートピアの効用を明らかにすることを目的とする。このため、以後を四つの節に分け、カント思想の核心と影響を解明してゆきたい。

第１節では、カント思想の重要部分を検討し、それがヨーロッパの理想主義の伝統に与えた影響を考察する。第２節では、カントの自己立法という思想が国際関係の認識に及ぼした影響を検討したい。さらに第３節では、カントがヨーロッパ戦間期の平和レジームに寄与した点について述べ、ＥＣ／ＥＵの創設をカント思想の実践としてとらえる。

そして第4節で、グローバル社会における平和と安全に対してカント主義の果たすべき役割を論ずる。さらにそこで、カント主義者が解決への貢献を期待されている新しい課題についても展望してみたい。

1 カント・モデルの主要な構成要素

十七世紀中葉にホッブズは、分子の自然的均衡をイメージして、国家の独立性と自足性を強調しつつ、一国を他国と衝突、対立させる自然状態論を生み出した。国家をビリヤード・ボールに見立て、ユニット間関係のモーメントとして自己利益追求を肯定したこのアプローチは、それが合理的であるからというより、むしろそれを用いれば戦争の原因と結果を一貫した方法で解釈することができるという理由から、さらにいえば、それが排他主義的な対外政策を正当化する際の有力な根拠を提供してくれるという理由から、国際政治学にとりいれられた。

啓蒙主義のチャンピオンであるカントにとって、このパラダイムは首肯しがたいものであった。なぜならば、ホッブズ的な自然状態における独立とは、「人間の自由」の名に値しない放縦であり、「人間を動物と伍する低い状態」(『人類の歴史の憶測的起源』)におくものだからである。

カントはまた、ホッブズ主義者にとっては「自然」であるかのように映ずるこの状態が、人間の境遇についての誤った了解の産物であることを見抜いていた。カントによれば、人間にとっての主要な災厄である戦争は、まぎれもなく人間の意思によってもたらされている。

なるほど自然的な原因から生ずる災厄は、人類の上に重くのしかかるが、しかしそれよりも甚だしく人類を苦しめるのは、人間同士が加え合う害悪である（「理論と実践」）。

こうしてカントは、社会現象を自然発生的なものとみなす「自然主義的アプローチ」を退けることなしに、このような野蛮性から脱することは不可能であるとみて、「事物を認識する方法」の変更が「事物のあり方」の修正に先立たねばならないと考えるに至った。そこから、現実主義の呪縛にとらわれた認識それ自体を変革するという、カントにとっての第一の課題が生まれるのである。

現象的因果関係に対する自由意思の優位

ウイリアムズ（Howard Williams）とブート（Ken Booth）は、カントの国際関係論における「認識論哲学」の第一義的な重要性を指摘している。従来の国際関係論が経験的方法を重視したのに対して、カントは観察対象に内在する論理の導出よりも、観察主体の側が行う規範的な推論を上位に据えた。

もっともそれは、必ずしもカントが経験的観察の価値を認めず、純粋な観念論に向かったことを意味するわけではない。カントの貢献は、むしろ理性の諸機能（悟性と理性）の峻別と、社会科学、とりわけ政治学の認識主体に要請される理性の使用法を指し示した点にある。(6)

もとより、国際政治学の近代的な潮流において、観察者は国家間関係を非人格的なもの、したがって自然現象に準ずるものとしてとらえる傾向にあった。したがってその現象は、因果関係の分析に服すると考えられた。この見解は、近代自然哲学が展開した均衡という考え方に着想を得ていたように思われる。ホッブズの国際関係についての自然主義的な理解も、この背景と無縁ではないだろう。

すなわち経験主義者は、外界をそれ自体として把握すべきであり、その把握が人間の渇望や情緒の影響を受けるべきではない、と考えていたのである。かれらの信念に従えば、事物の存在様式はわれわれの行動様式と並行関係にあり、前者は後者を根底において規定する。したがって、もし人間が自然的事物の論理に反する行動をとるならば、結局、かれはその論理によって押し潰され、身の破滅を思い知らされる。

このような外界についての自然主義的な理解とは対照的に、カントは、認識論哲学を頼りに道徳科学にアプローチした。すなわちカントは、主観性と外界、自発的な行為と刺激への反射のあいだに明瞭な区別を設けてゆく。それらの正しい区別の仕方を体得すれば、現実（人間行為の所産）の観察から得られた経験を、自然という制約条件として受け容れるだけではなく、道徳的推論を通じて再組織することができる。

実際に、カントの人間の現象学においては、必然的な因果関係ではなく、主体の側にイニシアティブのある理性の行使が、先行要因となって外界を規律する。その限りで理性が立法者となる。その立法者は、理性を自己の便宜や利益のためではなく、「公共的な目的のために使用し」、普遍的に拘束力を持つ規範や義務を制定する。その結果、われわれがそれらを遵守することは、すなわち道徳的、合理的な意思によって自己決定を行うことを意味するのである(7)。

ここでカントのいう意思が、唯物論者ホッブズによって描かれる主権者が自ら行使していると信ずるような任意もしくは恣意ではなく、省察的な意思であることは重要だろう。外界の刺激に反応するまえに省察を巡らせば巡らせるほど、われわれの行動は理性的に、道義的に統御される(8)。

これを国際関係の問題に適用すると、人間が人間らしさを取り戻すプロセスとは、理性が自然主義的な本能から自らを解放するプロセスであることがわかる。それは、ひとり放縦が跋扈する国内的、国際的な自然状態を脱して、自らが立てた法に従う状態に移行することによってのみ達成される。

自然状態には、現実主義者の描くほどに宿命的なものは存在しない。生存競争の論理は、人間や人類の固有の本性とはなんの関連ももたない。このような認識こそ、カントが切り開き、のちのカント主義者たちがならおうとした主意主義的方法であり、E・H・カーが批判を交えながらもその効用を見逃さなかった「ユートピア的方法」にほかならない。

しかも、自然状態を克服して法的状態を樹立することは、個人の意思のみでなく、他者の意思を尊重することとも相補う関係にある。カントが戦争行為を難じた第一の理由は、戦争において個人が国家という目的のための単なる手段として取り扱われるからである。ひとたび理性的意思が解放されるならば、自他に対して尊重を払う理性的な市民は戦争に対して「ノー」という声をあげるに違いない。

このようにしてカント主義者たちは、人間の意欲が人間の弱点を克服することを疑わないし、そのような進歩に奉仕するために理性が存在すると考えるのである。

グロティウスの改良主義からカントの理想主義へ

国際関係論の近代の伝統においては、ヴィトリア、スアレス、グロティウスなどの自然主義的な公法論者（publicist）たちが、あるいはサン・ピエールなどの啓蒙の平和主義者が、戦争状態モデルに変わるパラダイムを提出していた。かれらの思想が、戦争状態の終結への途を模索していたことには疑いをいれない。

しかし、カントの眼から見ると、かれらは、戦争状態や好戦性を乗り越えるのではなく、それらを君主や主権者の善導によって凍結することで満足していた。そのうえ、かれらによる万民法の理解は、「戦争への正義」（jus ad bellum）を合法的状態に含めるなど現状に歩み寄りすぎていたのである。

カントは、自然法や万民法の初期近代の擁護者たちを「人を慰めようとして、かえって人を惑わすもの」(『永遠平和のために』第2章)とみなしている。すなわちかれらは、君主国による権力ゲームを国際政治の避けられない状況とみて、目線をそこから上にずらすことができなかった(9)。さらに、かれらの万民法概念もまた、結局のところ国家理性の規範化でしかなかった(10)。

実際に、グロティウスの万民法は、キリスト教徒であるヨーロッパ大国の君主が遵守すべき因習や儀礼を列挙して、それを法典化しようと意図したものである(11)。カントは、このような因習の規範化を、平和の保障とみることができなかった。「近隣同士の一方が他方に対し、他方が望んでいる保障(これは法治状態のみが与えることのできるものである)を与えるまで、他方は一方を敵とみなす可能性がある」(『永遠平和のために』第2章)。

かわりにカントの導き出したのは、君主の敵対心を抑制させる作業に民衆を巻き込み、その保障のために国家の内部で改革を進め、国内社会を国際関係と結びつけるという方法である。言い換えると、カントは、近代においてほぼ初めて、国家の内部(共和制)と外部(平和)のインターフェイスに注目し、国内の体制を決する民衆もまた、他国との平和的共存に対して道義的責任を持つことを明らかにした。

このようにカントと先人たちを比べてみると、カントのユニークさとは、「動かしがたい常数」と考えられていたものを、意思によって動かすことのできる変数に置き換えていったことにあるともいえるだろう。このことは、カントの思想を同種の国家連合を提唱した永遠平和論の先がけであるサン・ピエールと対照した場合に、いっそう明瞭となる。

サン・ピエールの『永遠平和論』は、君主を「利害欲」に目覚めさせ、それによって好戦的な性格を抑制させる、という発想を土台にしている。さらにそこでは、あらゆる君主が利益を得ることのできる「ヨーロッパ社会」を描き出し、そのメリットを説き、そこに君主を誘導するという思想戦略が展開されていた。

しかるに、提案されている「ヨーロッパ社会」は、キリスト教君主のすべてに、かれらの十分な安全と永続的平和を得さしめる。したがって、この設置条約に署名しない利益が署名する利益を上回るような君主は、誰一人としていないことになる。(12)

サン・ピエールが国内の体制をそのままに置いて、君主個人の理性（計算能力）の向上に期待したのに対して、カントはルソーの「一般意思」に着想を得て、君主による個別意思の判断で開戦を決定するという伝統にメスを入れた。開戦の決定を下すのが、敗戦によってさほど失うものを持たない君主ではなく、戦費や軍役そのものを負担する国民でなければならないという考え方に到達したのである。

この開戦モーメントの作為的な抑制という発想はまた、戦争を基本的に君主の意思による行動ととらえ、その点で諸国家は平等であるという思想を展開した同時代人ヴァッテルとカントを大きく隔てる点でもあった。

ヴァッテルの『諸国民の法』では、諸国家は自由で独立したユニットとされており、諸国民はその国内の基本法や外交のスタンスとはかかわりなく対等だと考えられた。したがってヴァッテルは、諸法を制定し、判定し、廃止し、さらに強制する権限や、外交上の取り決めを結ぶ権限は、もっぱら国民の代表者としての主権者の手にあると解釈した。(13)

もしそうであるならば、国家間関係の性格は、統治者の善意／悪意次第で、また統治者の戦争に対する考え方によって決定されることになろう。しかしカントによれば、そのような国家が進んで国際的な規則や制約に服すると期待することはできない。

なるほど、ヴァッテルもまた、人びとが国家のもとに集合する目的は国民の安全や幸福であり、開戦の決定権をも含む国家の権限の配置が、ある種の国内公法によって規律されるべきだというビジョンを持っていた。またヴァッテルは、主権者による武力行使を侵略のためのものと防衛のためのものに区分けし、少なくとも侵略のための武力行使を開戦の正当事由から除外していた。(14)

しかしながら、カントにあってヴァッテルにないものとは、つぎのような発想だ。すなわち、統治者の好戦性を妨げ、統治者を国際的な規則に従わせる唯一の方法は、統治者に侵略のための武力行使を思いとどまらせることでも、不正な戦争を開始させないことでもなく、国内に法治状態を確保して、さらに統治者に対し、その対外的権力、あるいは軍事力の使用について弁明する義務を負わせることである。

この意味で、一国の国内体制がその国と他国との間柄を規定しているという点を指摘したカントの貢献は、決定的に重要であろう。その点を裏返していえば、平和的な対外関係が確保されて初めて、国内的な政治の改良も軌道に乗ることができる。ここから、国内政治体制が共和的ないし立憲的であることと、国際社会が平和であることには論理的な連関がある、という命題が導き出されるのである。

諸国家の間に外的な合法的関係を創設するという問題が解決されなければ、(国内に) 完全な意味における公民的組織を定立するという問題は解決されない (「世界公民的見地における一般史の構想」第7命題)。

国家体制の問題ぬきに、諸国家間の合法的関係を論ずることは困難であった。このことは、カントが、国内／国外のインターフェイスに位置する国民国家の解体を説かずに、主権国家を存続させることを強く望んだゆえんでもあろう。

2　批判から提言へ

先程みたように、カントにおいて人間にふさわしい道義的生活とは、すなわち「自己の立てた法に従う」状態である。このことは、国際関係において、諸国民が「万民法」の制定に加わり、さらにその規則を自らに課してゆく段階に人類が到達したとき、人間は真の道徳的自由を手にすることを意味する。

なぜ勢力均衡から離脱しなければならないか

カントは、まさしく普遍的立法という観点から勢力均衡政治を批判した。すなわち、勢力均衡における正義とは、いわば「勝てば官軍、負ければ賊軍」を越えるものではない。その正義には、成功者ないし征服者の物理的な力の優劣という個別的、偶然的な要因が反映される。しかし、偶然的要因に左右されるものは、決して普遍的なものにはなり得ないだろう。

この体制の規則は、これまでそれでうまく行ったと思っている人々の経験から、他の人々にとっての規範として取り出されるのではなく、理性によってアプリオリに、公的法則一般の下にある人間の法的結合という理想から取り出されなくてはならない（〈世界市民法〉「法論の形而上学的定礎」『人倫の形而上学』）。

たとえばある国が勝利し、戦勝国の正義を盛り込んだ講和条約を締結したとしよう。その条約の正当性は、勝利すなわち武力で相手を上回ったという「現状」のみに基づく。負けた側は、次回の戦争に勝利すれば、「現状」を変更し、正義を書き直すことができる。そのため、講和条約によって得られた束の間の平時を、次回の戦争に負けないための軍備拡張や軍事訓練に活用する。これに対して、カントが普遍的な条約に盛るべきと考えた権限とは、時空という偶然性を脱却して追い求めねばならないものであった。つまり、人間には、「汝為すべし」という行為規則が理性のなかに平等に刻み込まれており、その永遠の行為規則に合致した権限こそが、真の正義の名に値する。

かれの有名な『永遠平和のために』では、各国が「自由な諸国家による連合」を結成する際に締結すべき基本条約の案文が呈示されているが、「常備軍は、時とともに全廃されるべきである」（第三「予備条項」）というように、カントはそれらすべてを「理念目標」で語っていた。こうしてカントは、人間の「道徳的な意思」に大きな期待をかけ、現状の維持にとどまることのない、正義にかなった国際関係のユートピアを描いてみせたのである。

普遍的な道義法と国際的な法の支配のパラレル

ひとたび、「勢力均衡が不可避的な現実である」という幻想から人間の意思が解き放たれたならば、つぎの課題は、その意思を支配の座につかせることである。そのためには、国家の内部と外部において正しき法制度が樹立されねばならない。理性の王国への移行は、市民相互の関係と国家間の関係の両者を規律する諸法の定立により初めて可能となる。

このような課題を受けて、カントは法を三つのレベルで定式化して、人間の「合法的な状態」の総体についての見取り図を描こうとした。すなわち、法のもとに生きる人間であれば、つぎの三つのタイプの法制度に尊重を払わねばならない。

①同一人民に属する人間の国民法に基づく体制（ius civitatis）
②相互に関係する諸国家の国際法に基づく体制（ius gentium）
③外的に相互に交流しあう関係にある人間や国家は、普遍的な人類国家の市民とみなされうるが、その場合のコスモポリタン法に基づく体制（ius cosmopoliticum）

（『永遠平和のために』第2章）

法体系に三つの範疇を設けるというカントのアイデアは、法制史的な関心のみではなく、人間の道義的なアイデンティティの観察から得られたものでもある。カントの国際政治思想への重要な貢献は、人間をさまざまな道義的忠誠心を持つ法的主体として描いた点にもあった。その忠誠心とは、「かれ自身」、「ポリス」、そして「コスモポリス」に注がれる。この三つに対応する三種の法は、それぞれ人間の持つ三つのアイデンティティのタイプに応じている。

コスモポリタン法についていえば、カントは、各主権国家を通過する旅行者や見知らぬ者が訪問先で冷遇されてはならない、と述べている。この主張は、ホスト国の人びとに対して、訪問者の排除を禁ずるものである。

言い換えると、カントの描くグローバルなシステムにおいて、システムは主権諸国家に分割され、主権国家には連合の形成が促されるものの、コスモポリタン権が主権の排他性を部分的に覆すのである。

このように、カントの描く国際秩序は、自由な国家連合によりもたらされる国家間秩序とは別に、あるいはそれを補完するかたちで、個人によるコスモポリタン的な秩序が構想されるという二重構造になっている。カントは、この道義的なコスモポリタン秩序の萌芽を摘み取らないため、あらゆる国家への訪問権を擁護し国際貿易を奨励したのである。

かつてハーバーマスは、「いかなる排除をもともなわない共同体という規範モデルとは、道徳的な人格が織り成す世界そのものであり、すなわちそれは、カント的な目的の王国なのである」と述べた(15)。ハーバーマスは、法的規範としての人権が、コスモポリタン共同体すなわち普遍的市民社会の規範的枠組みを形成すると考え、カントのコスモポリタン的秩序を、人権によって基礎づけることを提案している。

カント自身は、必ずしもコスモポリタン権を人権思想として展開したわけではないが、カントの国家ではなく個人によるコスモポリタン的秩序の主張が、主権を制約し得るような人権への要求と親和性や連続性を持っていることは、このようなハーバーマスの解釈により明らかであろう。

3　ヨーロッパにおけるカント主義の継承と発展

カントがヨーロッパ連邦のマニフェストともいうべき『永遠平和のために』を著してから半世紀以上が経過した一八四九年、人びとが平和主義者カントの名を忘れかけていたころ、パリで第一回「世界平和会議」がバリット（Elihu Burritt）の呼びかけにより開催された。参集したコブデン（Richard Cobden）、バスチド（Augustin Bastid）、ティエリ（Frederic Thierry）等の名士のなかに、「ヨーロッパ合衆国」（United States of Europe）の構想を掲げた文豪ユーゴー（Victor Hugo）がいた。

のちにユーゴーは、一八七六年にバルカン半島諸国でオスマン帝国支配への反乱が起こり、勢力均衡が崩れて露土戦争へと発展したことに衝撃を受けて、文明の未来に対する憂慮から「ヨーロッパ合衆国」の創設を真剣に検討するよう、ヨーロッパの知性に訴えかけることになる。

勢力均衡の破綻とカントへの注目

しかしながら、中央ヨーロッパにおけるトルコの脅威がヨーロッパを結束させた場合を除けば、十九世紀以降のナショナリズムの嵐のなかで、このような考え方はなおユートピアにとどまり、現実のヨーロッパ国家間関係に影響を及ぼすことはほとんどなかった。

皮肉にも、西ヨーロッパの国家間関係は、一八七一年から一九一四年まで見かけ上は安定を享受していた。しかもその安定を担保したのは、カント的理念とは異質な軍事的均衡術の洗練と、カントが嫌悪したヨーロッパ公法に体現された現状維持的な思想であった。

ユーゴーの訴えかけから四〇年以上が経過してから、カントに対する評価を一変させたのは、いうまでもなく勢力均衡政治が破綻して起きた第一次世界大戦であった。荒廃に打ち沈み、ヨーロッパの衰退いや共滅の恐れにさいなまれた一九二〇年代のヨーロッパ人たちが、戦争の再発防止策やヨーロッパ再生の足がかりをカント思想というユートピアに求めるしかなかったといったほうが、正確かもしれない。

とはいっても、第一次世界大戦後に求められたカント的なユートピアは、以前とは明確に異なっていた。ユートピアは、戦間期の非戦主義者たちの手によって、ようやく現実的な提案のかたちに整えられたからである。

まず、勢いを増しつつあった市民的自由の擁護者たちは、カントに参照しながら、排他主義的なナショナリズムの時代の教訓をつぎのように定式化した。すなわち、個人の自由、立憲主義、そして法の支配が国内において確保されようとも、自由と安心は、近隣国で生み出される要因により攪乱を受ける。

すなわち、軍国主義を採用するような近隣国が、地域的ないし国際的な秩序を脅かすことで、国内の自由に対する保障を掘り崩すのである。かれらは、戦争の予防についても、自由主義運動のみで達成することは不可能であること、地域的、国際的な機構を欠いていたがゆえに自らが無力であったことを痛感したのである。

こうして、心情主義的なコスモポリタンたちは後退し、制度的なカント主義者に道を譲った。一九一七年に、ムレン（Jacob ter Meulen）は中世から近代までの連盟思想の由来をたどった三部作の刊行を始めた。その過程でカントの平和論を再発見し、民主的な国家が持続するための自然的条件は、近隣国との平和的な関係であると結論した。(16)

さらに「新しいヨーロッパ」を提唱したマサリク（Tomáš Garrigue Masaryk）、地理的、文化的概念とは異なる政治的な「汎ヨーロッパ」を打ち出したクーデンホーフ・カレルギー（Richard Coudenhove-Kalergi）、そして汎ヨーロッパ連合の名誉総裁を引き受けたブリアン（Aristide Briand）のようなヨーロッパ連邦主義者がこれに続き、連邦のための制度的デザインを競い、カント的なユートピアの「現実化」を目指した。

ブッゲ（Peter Bugge）が指摘しているように、かれらを衝き動かしたもののひとつは、大衆を社会運動へ動員することによって、国内外の軍事的体質を、平和的体制へ転換することができるという信念であった。(17)こういった意識の昂揚はまた、カント的主意主義の再興を意味したのである。

連邦的ヨーロッパを具体的なかたちにしようという意欲に燃えて、制度の構築に取り組んだ人びとは、第一次大戦の原因とプロセスを詳細に分析し、以下の事実を発見した。すなわち、同盟側が選挙で選ばれていない政府に率いられていたのに対して、協商国（連合国）とそれを支援した国々に、選挙的政府の形態を持つヨーロッパ諸国が多く含まれていたことである。ベルギー、イギリス、フランス、そしてイタリアがその例であった。

これらの分析の結果は、国民の選好に従う政府が複数存在し、もしそれらの国々の市民が連携するならば、戦争を予防し、平和を持続させることができるかもしれない、ということを示唆していた。

ここから論理的に導き出された結論は、つぎのようなものである。人びとは、軍部を批判し、戦争へ訴えがちな政府の「悪意」を非難する傾向がある。しかし、戦争の最終的な責任は、自由選挙によって、いや場合によっては抵抗のかたちで制裁を加えることによって、政府に（対外的暴力の使用についての）説明責任を負わせるべき国民にある。

カント自身は必ずしもデモクラシーに熱狂していたとはいえないし、民主主義のための革命については否定的であったといってよい。しかし、カント以後のカント主義者たちは、平和とデモクラシーが、相互にリンクした社会運動の目標であるべきことを確認しあった。

カント主義からウィルソン主義へ

デモクラシーと平和をともに推し進めるという運動は、大西洋を越えた連帯によっても加速された。対外的な武力行使についての政府の説明責任を定着させるにあたって、アメリカ合衆国の大統領が果たした役割は重要であろう。

一九一七年四月二日の連邦議会におけるスピーチにおいて、アメリカ大統領（当時）のウッドロー・ウィルソンは、参戦への議会の承認を求めながら、つぎのように述べている。「平和と自由に対する脅威は、独裁的な政府である。その政府を支えているのは、国民の意思ではなく政府の意思によってコントロールされた組織的暴力なのである(18)」。

ウィルソンの論ずるところ、ヨーロッパの独裁者たちは、同胞を「質草か道具のように使っている」。ウィルソンは続ける。「自己支配を行っている国民は、隣国をスパイで満たしたりはしない」。ついで、国家とそれを取り巻く外的条件との関係について触れ、ウィルソンは国内でデモクラシーが成就するためには世界が平和であり続けなければならない点を力説している。つまり世界平和は、アメリカのデモクラシー、ひいてはデモクラシーの国々が安泰であるための必要条件であり、保障なのである。

しかもウィルソンにおいて、平和は「ひとりデモクラシー諸国家のパートナーシップのみによって保たれうる」のであり、このパートナーシップこそ、国際連盟の基盤をなすべきものであった。このような明瞭な定式化は、カント思想に新しい息吹を与え、国際関係の多くの学者や実践家をこのパートナーシップの結晶である国際連盟に結集させるのに有効であった。

戦間期の平和主義者であるジマーン（Alfred Zimmern）とミトラニー（David Mitrany）は、カントに示唆を得て、国家の自立性が奪われ国家間の相互依存が深化したことによって国際紛争はますます複雑となり、それを解決したり調停するのに超国家的な機関が必要となるだろう、という進歩的な歴史観を展開していた[19]。

かれらによって用いられたレトリック、スローガン、モットーは、ほとんどカントのそれであったといえる。ショットウェル（James T. Shotwell）は、「世界戦争は平和への意思が文明社会で至高の重要性を持つという教訓を与えた」と述べ、ディキンソン（G. Lowes Dickinson）も「ほとんどの人々が理性ではなく情念に従うから戦争が起きる」と断言した[20]。

しかしながら、民主主義的でありたいと望んだヨーロッパ政府のいくつかが、国民の意思を帝国主義や拡張主義をサポートさせるために動員したことは、まさしくヨーロッパ史の逆説ではあるまいか。カント主義は再び大きな挫折を経験する。

第二次世界大戦、そして冷戦のあいだにおいても、カントの理念はユートピアの目録に収められる。戦後あるいは冷戦中の国際関係論における現実主義の復権は、まさしくカント＝ウィルソン主義者が戦争の再発を防げなかったという幻滅の裏返しなのである。

カント国家連合の実践のこころみ

東西冷戦、そして軍事力の均衡による平和という冷厳な現実に対応するかたちで生まれた現実主義は、グローバルなコンセンサスの形成にとって大きな障害として立ちはだかった。しかし冷戦が、積極的な遺産を生み落とさなかったわけではない。米ソによるミサイル配備で核戦争の恐怖にさいなまれた西ヨーロッパにも、ソ連ブロックに対抗するという意味での「連帯心」が育まれたからである。

ここでなによりも重要なのは、冷戦の受益者としての西ヨーロッパ人たちが、東側の脅威に対するアドホックな安全保障同盟で満足しなかった点ではあるまいか。かれらは、政治的意思によってこれを補強する作業に着手した。

NATOの経済版ともいわれるEECは、当時の状況を独仏和解の好機とみた政治的リーダーによる作為の所産とみなすことができる。戦間期に挫折を味わったカント主義は、冷戦によって世界が分断されている最中、ヨーロッパという地域レベルで理念を実現する機会を手にしたのである。

戦後ヨーロッパの地域的平和に向けた努力を過去のカント主義の運動と比べたとき、とくに注目を惹くのは以下の二点である。

まず、ヨーロッパ人は、ヨーロッパが世界ないし文明の中心部であるという発想を改めた。実際に、ドイツとイタリアは拡張主義や植民地をあきらめることでよみがえり、イギリスとフランス、そしてオランダとベルギーも、植民地とのつながりにもましてヨーロッパ諸国との連携が重要であるという点を自覚した。

ヨーロッパのカント主義者が二度の大戦で学んだのは、拡張主義的な政策ないしそれを支える国内体制は、平和建設のみでなく、国内のデモクラシーや経済的発展とも両立しないという教訓である。この教訓に基づく思考の転換は、ヨーロッパ人が地域内の平和の構築に専念するきっかけをもたらした。

第二に、カントの平和計画は、戦後、自由化と経済的な相互依存関係の構築によって再開された。それはのちに、「スピル・オーバー効果」として経済以外の側面にも波及、拡大してゆく。経済協力から生み出されたものは、多国間協力と対話の積み重ねであり、条約や超国家組織の束であった。とくに冷戦中は、安全保障のようなハイ・ポリティックスが二超大国に独占されていたため、西ヨーロッパ諸国は、協力の対象を技術的処理が可能な経済分野に集中させることができた。このような背景のなかで、経済に重点を置いた諸国家による連合が実践に移されたのである。ＥＵは、それ自体で国家を構成することはないが、主権国家に制限を課すようなカント的な国家連合、とみなすこともできる。

カント平和論のいまひとつの柱である共和的政体についていえば、当初の六カ国が民主主義的な価値を信奉し、民主的手続きで正当性を付与された政府ないしその代表が交渉にあたったことで、ＥＣＳＣ、ＥＥＣからＥＣを経てＥＵへと至る過程が容易になった点は疑いないだろう。共和国という言葉でカントは、統治者の数ではなく社会の全成員に承認された市民的政府、また政治的な自由に基礎をおいた権利国家を意味したのであるが、ＥＵ構成国はすべて、カント的な共和制概念を踏襲して、法の支配、代表制、権力分立を採用している。

この国家連合においては、まさしくカントのいう「戦争遂行一般についてだけでなく個々の宣戦布告についても、自分の代表者を通じて」、「国民が任意に決める」（〈国際法〉「法論の形而上学的定礎」『人倫の形而上学』）状態が生まれ、その状態が新規加盟国にも課されていった。

実際に、ＥＵ構成員資格を希望する国は、申請が承認されるためにＥＵ水準（aquis communautaires）の遂行能力を呈示しなければならない。その水準には、民主制や自由選挙、経済活動の自由やシビリアン・コントロールが含まれる。したがって、ＥＵは「民主主義国のみを含みつつ」漸次的に拡大する連合といってよいであろう。この意味で、国連よりもはるかにＥＵのほうがカント的理念に接近している(21)。

さらに、今日ヨーロッパ人たちは、ヨーロッパ市民権の内容について議論を始めた。カントの解決法が個人ではなく国民からなる連合を想定していたのに対し、戦後ヨーロッパのカント主義者たちは、カントを超えて「独特な」(sui generis)、つまり先例のない連邦を提案するところまできている。

こうして、ヨーロッパ司法裁判所は、ＥＵ法が、居住国にかかわらず個々のヨーロッパ市民に直接の権利を付与し、直接の義務を課すという解釈を打ち出している。ヨーロッパ市民権は、国家連合モデルの制約を超えた唯一の超国家的市民権モデルに高まったといえるだろう(22)。

グローバルな現実の「ミクロコスモス」であり、その地域的な縮図であるヨーロッパは、疑いようもなくカント的国家連合を、いやカントさえ超えた連邦を地域的に形成するさきがけとなりつつある。その限りにおいて、ヨーロッパは南北アメリカ、アフリカ、アジア、大洋州にとっての統合モデルと呼ぶにふさわしい存在なのである(23)。

4　新たな現実主義の台頭とカント主義の課題

冷戦の終結と一九九〇年代に加速されたグローバル化は、地域によって程度の差こそ認められるものの、政治、経済、文化、科学技術などの面において国境を超える協力を促し、国際社会の公共領域を拡大させた[24]。このような状況の変化は、カント的な普遍主義思想が再評価されるきっかけをもたらしている[25]。

まず情報や文化のグローバル化は、ヨーロッパ諸国民間の連帯、そしてヨーロッパを超えた世界的連帯への渇望を生み、コスモポリタン的世界の実現への期待を抱かせた。実際に、カントは二〇〇年もまえに、一地域の法の侵害が世界のあらゆる場所で感知されるようになると述べ、このことを予言していた。

すなわち、今日、世界のいかなる地域における人権の抑圧も、ヨーロッパ人たちの道義心による監視の目をすり抜けることはできないのである[26]。この意味で、コソヴォ紛争への人道的介入は、激しい批判をわき起こし、やや時宜に失した対応と評価されているにしても、コスモポリタン的な連帯主義への第一歩とみなされる。

コスモポリタン的連帯主義の帰趨

他方、一見して「国境を越える友情」というカント的な渇望と調和するように思われる現下のグローバル化も、カント主義のいまひとつの重要な要素である共和主義思想と対立する側面を持っていることが次第に明らかになりつつある。

すなわち、われわれは、世界各地域でネオリベラルな思想が導くグローバル化が、共和主義に必要な社会的連帯心を掘り崩すのを目撃している。グローバル化の波にもまれて規制が緩和され、自由化された国民経済は、経済指標のアップダウンという予測不可能なものに翻弄されている。かくして、途上国政府はもとより、ヨーロッパの国民政府も、最も共和的といわれる政府も含めて、経済的、社会的な事象に政治的、民主的意思を課することができなくなっている。

利子率、為替レート、原油価格といった経済のトレンドが、従うほかに選択がないような不可避的な力とみなされている。このことは、グローバル化がカントのいう「意思による自己立法」の世界とは真逆の方向に進んでいることの証であろう。

市場開放や規制緩和の擁護者は、外界からの圧力を必然的な力として解釈する傾向を持つ。このようなネオリベラルな経済学者による外界の解釈は、カントがまさしく自由意思や共和国の役割を想起させることで「克服しようとしたもの」にほかならない(27)。

国家連合の境界

カントのいまひとつの提案である自由な諸国家による連合についていえば、EUが東方や南方にむかって拡大し、EU構成国が地域内協力を緊密化させているとはいえ、ヨーロッパにおけるマルチ・ナショナルなガバナンス空間が、グローバル共同体を包み込むほど拡大すると考えることは不可能だろう。さらに、ほかの諸地域、たとえば東アジアがヨーロッパの企図をそのまま模倣して、EUのような超国家的ユニットを構成できると考えることも楽観的にすぎる。

いや、カント主義者たちは、その理念の普遍化を展望できるどころか、すでに述べた経済的なグローバル化による弊害としての格差の拡大により、国際社会の一体感や連帯感情までもが損なわれているという状況と向き合っているのである。

すなわち、一方で「富裕な一帯」(rich belt) と呼ばれるヨーロッパ、北米、その他の地域が自由、安全、平和の成果を享受しているのとは裏腹に、中東、アフリカ、南アジア地域の多くの住民が格差、貧困、飢餓、内乱にさいなまれている。

現下の世界には、なるほどカント的世界に近い「平和愛好ユニオン」(Pacific Union) と呼ばれるコスモポリタニズムの王国が出現し、最強の軍事力を持つアメリカ合衆国を中心とする自由民主主義かつ資本主義の国家群がそれを支えている。

そのユニオンは、ヨーロッパ、カナダ、日本、韓国、オーストラリア、ニュージーランド、中東・中央アジアの親米国家を含み、その内部で戦争や武力衝突が起こる可能性を限りなくゼロに近づけた。

しかもこのユニオンは、テロや紛争波及などの外部的な安全保障リスクに備えて、圧倒的な軍事力を手にしており、NATOそして国連さえも、グローバルなコンセンサスを得ているわけではない任務のために利用することができる(28)。

ブレナン（Timothy Brennan）は、このような「部分的にカント化した」世界を、コスモポリタニズムの理念とは正反対のものとみている。すなわち、コスモポリタン的理念は、いまや急展開できる軍用ジェット機、巡航ミサイル、監視衛星などをその内実とする、新しいかたちの現実主義政治を構成するに至った。

それはあたかも、帝国であり、同時にユニオンの主催国であるアメリカに吸い寄せられた人びとが、現実主義的な手段と戦略によって、テロの危険に満ちた「ホッブズ的世界」という外部から自らの安全を保守しようとするかのごとくである。

このユニオンとほかの国々との日々開きつつある格差は、このユニオンに加わることのできない、いわば疎外された人びとにとって、「文明のディバイド」として認識されている(29)。EUもまた、不法移民の流入を遮断するための監視を強化して「要塞」の容貌を呈しつつあるが、EU境界部の鉄条網は、EU外の人びとにはカント的世界とホッブズ的世界を隔てる壁に映ずるのである。

文明のディバイド

言い換えると、カント的世界の「外側」に暮らす人びとにとっては、「コスモポリス」が富者の利益追求や現状維持を覆い隠すようなマスクに見えるのである。そして、日々拡大する経済格差は、各国が民主化され、カント的な法治国家ないし共和制を採用したとしても、対等な立場で「自由な諸国家による連合」のもとに結集するのが不可能であるような状況を生み出してしまった。

残念なことに、西洋人の一部は、国際的正義を追求できるのは「その他地域」(The Rest)と区別された西洋(The West)のみであると考え、なおデモクラシーが、日本やオーストラリア、ニュージーランドなどの例外を除くと、西洋のみで実施可能な理念だと考えている。かれらの信念にしたがえば、コスモポリタンという呼称にもかかわらず、カント的世界には空間的な限界がある(30)。そのカント的空間の境界を越えると、ホッブズ的戦争状態が待ち受けているのである。

このような逸脱の責任を、カント自身に帰することもできるかもしれない。なぜならば、カントは文明国家を「法の諸法則のもとにおける一群の人間の結合」(「法論の形而上学的定礎」)とみて、さらに「未開人も民族をなしてはいるが、国家を形成してはいない」(同)と述べ、他方で「国際法の名のもとに考察すべきなのは、互いに関係しあう諸国家の法である」(同)などと論じて、国際法ないし国際社会に加わるべき共同体の資格を、文明国＝法治国に定めているからである。

いずれにしても、コスモポリタン的な秩序からこのように逸脱し、分化してゆく世界に相対して、自らの土地で平和を成就させたカント主義者が担うべきつぎの使命とは、諸地域を融和させ、諸文明間のコミュニケーションや対話を促進することであろう。言い換えると、カント主義者たちは、ヨーロッパを超えたグローバルな諸文明のユートピアの設計図を示すべき段階にきているのかもしれない。

付　記

本章の英文草稿に対して青木人志、佐藤哲夫、北村治、森村進、山内進、Michael Byers 各氏より有益なコメントをお寄せいただいた。記して御礼を申し述べたい。

第3章　国際政治の道義的主体とは
――コスモポリタン－コミュニタリアン論争の行方

はじめに

個別の共同体がそれ自体で道義的な価値を有するのか、それとも「類」としての人間、また共同体を構成する個々人こそが道義性の源泉であり、共同体の価値はかれらの同意、選択、契約に由来するのか。この「共同体をめぐるアポリア」の起源を、われわれはストア派やキケロ（Cicero）の著作にまでさかのぼることができよう(1)。

とはいえ、この問題の本質は時空を越えて同一であるとしても、論争の軸は時代や歴史によって大きな振幅を経験している。実際に、ポリスの政治哲学から古代ローマの万民法理論、中世のレスプブリカ・クリスティアーナ構想を経て、近代の社会契約論、国家有機体論、ナショナリズム、そして今日の自由主義国家論にいたるまで、攻守や主役が入れ替わり、この論争は依然として決着をみることがない。

ロールズの正義概念の定式化を契機に一九七〇年代に始められたリベラル－コミュニタリアン論争もまた、このアポリアと無縁ではなかろう。つまりコミュニタリアンは、個別の共同体こそが道義的価値の成立する場であり、個人の行動の道義的価値を判定するひとつの基準になり得ると考える。それに対して、道義的個人主義の立場をとるリベラルは、価値の由来においても価値認識の前提においても、共同体が個人に先行するという考え方を受け容れていない。

いずれにしても、リベラル－コミュニタリアン論争の隆盛は、グローバル化によって伝統的な共同体が動揺し、多文化主義が進展してゆくなかで、さらに諸個人のアイデンティティが流動化し、個人と共同体の間柄が問い直されているなかで、このアポリアを論ずる意義が失われたわけではないことを物語っているのかもしれない。

しかしながら、政治哲学の最重要課題のひとつである「グローバル化のなかでの共同体の位置づけ」という問題と相対する際に、リベラル－コミュニタリアン論争から得られる回答には制約があることも次第に明らかになりつつある。なぜならば、リベラル、コミュニタリアンともに、共同体の性格やその境界についてはかなり閉鎖的、静態的な見方を採用しているからであり、またコミュニケーションや道義の共有による「新しい共同体の創設」といった視座をそれらに期待することも、難しいと思われるからである。

しばしば指摘されてきたように、リベラルは個人より出発する社会構成原理の普遍的な性格を強調するため、「共同体の具体的な枠組み」については沈黙することが多い。その沈黙は、むしろ個人の道義的な「自己決定」の制度的な庇護者として、既存の国民国家を暗黙の前提としている証拠なのかもしれない(2)。このことは、ロールズの国境に対するほとんど無条件の肯定姿勢によっても明らかにされている。つまりリベラルの共同体論は、国民国家による秩序が有効に機能している場合にしか、論理的妥当性を獲得し得ないことになる。

他方、コミュニタリアンにも同様な死角が認められる。コミュニタリアンは、道義則の普遍妥当性を強調するリベラルと異なって、それぞれの居場所を持つ共同体が固有の正義にかなったかたちで政治を実践した場合、共同体内部の道義則をほかの共同体に適用できることは、むしろ例外だと考えている。

その論理的な帰結として、共同体間の関係についてはある種の不干渉主義が推奨され、さらにそれぞれの共同体が対等の関係に立つことによってグローバルな連帯や秩序が自生するとみなされる。多様な共同体の共存の結果として立ち現れたグローバルな体制をコミュニタリアンが道義的に「中立」と考えがちであることは、ウォルツァーの国際関係における「道義のミニマリズム」の提唱にはっきりと示されている(3)。

しかしながら、グローバルな秩序は、共同体間の不干渉主義によりもたらされ、保たれているわけではない。また、不干渉主義を貫くことができれば、道義に中立な秩序が自生するわけでもない。今日の秩序は共同体間の利益団体政治の産物でもあり、むしろ非対称な権力関係の結果として生まれたものが一般的である。にもかかわらず、コミュニタリアンは「帝国」や「干渉」を批判するばかりで、共同体間の実際の権力関係にまで踏み込むことが少ない。これはコミュニタリアンのオプティミズムと名づけることもできよう。

もとより、この地表には複数の共同体が存在する。それらは、国家と国家、民族と民族のように水平的関係におかれることもあれば、国家と民族集団、地域機構と国家のような垂直的関係におかれることもある。また、水平的関係にある二つの共同体が協調的関係に立つこともあれば、敵対的関係に立つこともあろう。

とくに、グローバル化は、さまざまな文化を帯びた諸個人の交流の機会を増大させたばかりでなく、共同体同士が接触する機会を増やし、軋轢や摩擦が生まれる原因ともなっている。いいかえると、共同体についての関心は、リベラル－コミュニタリアン論争の射程を越えて、「共同体間の道義性の競合」や「個別共同体を横断する道義共同体の構築」という問題に移行しつつある。

そこで本章では、近年、国際政治思想研究においてその意義を再評価されたコスモポリタン－コミュニタリアン論争を手がかりとしながら、すでに述べた新しい課題について検討し、もって共同体論争の位相転換の可能性を模索してゆきたい。

第1節では近代におけるコスモポリタン－コミュニタリアン論争の由来をカントとヘーゲルにたどり、第2節ではコスモポリタン、コミュニタリアン双方の立場を検討しながら、両者の争点を明確化することを試みる。さらに第3節では、重要な論争点である国家の同義的価値の問題について考察し、最後にコスモポリタン－コミュニタリアンの対立を克服しようとする流れについて検討してみたい。

1　普遍的な道義か、共同体の道義か

コスモポリタン－コミュニタリアンという対抗軸は、ロンドン大学のブラウンによって以下のよ

うに再定位された。

コスモポリタンとコミュニタリアンの対抗は、規範的な国際関係理論における最も中心的な課題と直接かかわっている。その課題とはすなわち、道義的価値が、人類全体とは対立するような、あるいは個々の人間の要求とは対立するような個別の政治的集団に与えられるべきか、という問題である。

コミュニタリアン思想は、ここに道義的な対立があるとはみなさないか、むしろ共同体に中心的な価値を付与するという明白な傾向がある。これに対してコスモポリタン思想は、道義的価値の究極の源泉を共同体以外の何かに求め、共同体が（道義において）中心的な位置を占めることはあり得ないと考える。(4)

個別共同体を超える視点

もちろんわれわれは、このような対抗軸の由来を古典古代にまでさかのぼることができないわけではない。ポリスの政治思想家の圧倒的多数は、論証の必要のないほど個別の共同体が「自然的価値」を有すると考えていたが、メティックス（metics, μέτοικος）といわれるゼノン（Zenon）、クレアンテス（Cleantes）、クリュシッポス（Chrysippus）、そしてキケロによって共同体の道義や法律が「内省」の対象とされ、また世界市民のアイデンティティが芽生えてからは、個別の共同体が道義的にみて人類社会より上位にあるのか劣位にあるのか、という疑問をめぐって論争の新しい次元が開かれていたからである。

しかし、グローバルな秩序構築への貢献を意図しつつコスモポリタンとコミュニタリアンの論争の由来をたどるという限定された関心からすると、この論争を古典古代や中世にまでさかのぼる必要はないかもしれない。むしろここでは、ポリスという共同体ユニットの崩壊、またマケドニア、ローマの越境的な支配が、共同体を超える道義則の探求を促したという状況と、今日の国民国家ユニットの動揺が道義空間の再編を促しているという状況との類似性を、確認しておくことで十分だと思われる。

コスモポリタンとコミュニタリアンの論争は、近代国民国家が輪郭を整えつつあった十八世紀に、国民共同体の道義的価値をめぐって再開された。その意味で、近代におけるこの論争の由来をカントにたどることが通例となっている。実際に、共和主義の実現可能な空間として国民国家を想定していたカントが、主権国家の論理とは位相の異なったコスモポリタニズムをつぎのように展開したとき、その論争が開始された。

> 諸人民すべての可能な統合体は、自分たちの可能な交流に関する一定の不変的な法則を意図しているが、そのかぎりでこの法を、コスモポリタン法と呼ぶことができる。(5)

カントの定式において、国民国家という区画がとくに非倫理的というわけではないが、それを上回る倫理的、法的義務もまた存在するのである。カントがコスモポリタン法と呼ぶこの概念は、国民国家よりもふさわしい道義的共同体を模索するという人間の権利や義務に由来している。

すべての人との共同体をこころみる、その目的で地球のあらゆる場所を訪ねるというコスモポリタンの権利が廃棄されてはならない。(6)

国家の内部で人間が共和的な体制を構築し、道義的進歩を達成し得るとしても、その枠を「最終的に画定すること」は、よりよき共同体の形成という人類の道義的責任に照らして妥当ではない。共同体の道義的な退行を阻止するためにも、移動の可能性を残しておくことが人類的な義務だとみなされている。

この区画を超える道義への指向性こそ、のちのコスモポリタンのほぼすべてが手がかりを求める道標となったものである。(7)

ヘーゲルのカント批判と論争の開始

しかしながら、十八世紀啓蒙思想家のカントは、コスモポリタン的な権利義務を明確に述べたことによってのみ、この論争の起点とみなされているわけではない。かれは、近代でほぼ初めてこのコスモポリタンとコミュニタリアンの対立それ自体を「対自化」したことによってもまた、この論争の開始者とみなされる。

カントが、人類共同体という秩序と国民共同体が築く秩序のジレンマをいかに鋭く自覚していたかは、かれがコスモポリタン法（ius cosmopoliticum）と万民法（ius gentium）をあえて弁別したことによって明瞭に表れている。カントは『永遠平和のために』の第一補説において、つぎのようにいう。

自然は、賢明にも諸民族を分離し、それぞれの国家の意志が万民法を理由付けに用いながらそのじつ策略と力によって諸民族を自分の下に統合しようとするのを、防いでいるが、しかし自然は他方でまた、互いの利己心を通じて諸民族を結合するのであって、実際コスモポリタン法の概念だけでは、暴力や戦争に対して、諸民族の安全は保障されなかったであろう(8)。

カントの論理において、国際関係の秩序は、コスモポリタン的な権利義務とコミュニタリアン的な政体の調和によって成り立つべきものであった。すなわち、平和のためのプロジェクトとはまず、ルイ十四世の「世界君主国」のような帝国（不正な政治共同体）的野望を阻止しつつ共和制実現のための空間を確保すること、つまり各地域や各民族を地理的にもしくは管轄権限において分離することでなければならなかった。

この分離は国内的公民状態を保証し、「諸国家による秩序」の必要条件をもたらすであろう。しかしながら、その際にカントは、各地域や各民族を横断する訪問権（ほかの共同体を試みる権利）が主権によって妨げられない保証を求めている。この訪問権は、人類の「類」としての性格に由来するものであり、よりよき道義共同体を構築する動機となり、その限りで人類の道義的進歩の動因となり得るものである。

さらにカントは、道義にかなった永遠平和を樹立するのに、通行権や訪問権の保障で十分だとはみなさない。分離された各地域や各民族が武力に訴えるという事態を改善するために、自由な諸国家による国家連合を「創設」しなければならないという。この国家連合こそが、国家間関係に公民状態をもたらすための十分条件となるのである(9)。

国民国家という具体的な区画に基づいた秩序を擁護しつつ、論争の軸それ自体を対自化していたという点からすると、カントが今日でいうところのコスモポリタンの呼び名に値するかどうかは、議論の余地のあるところだろう。むしろコスモポリタン思想家として言及される最大の理由は、カントがコミュニタリアン思想家ヘーゲルによって主要な標的とされたところにあるのかもしれない。

ヘーゲルという伝統主義者、保守主義者が、「モノローグ」を通じた普遍的な当為命題の導出を批判の俎上に載せたとき、コスモポリタンとコミュニタリアンの対立が決定的となったからである。実際にヘーゲルは、『キリスト教の精神とその運命』において義務と傾向性、もしくは普遍と個別というカントの二元論に異議を申し立てて以来、カントの普遍主義の克服を終生のテーマのひとつに設定していた。

『法の哲学』においてヘーゲルは、あたかも有機体に個体と個体を隔てる明確な輪郭があるように、民族共同体にも実体としての境界があり、その内部でのみ血の通った道義関係が妥当すると考えたのである。ヘーゲルの国家思想によれば、有機体（政治体）の輪郭は、それがまさに外に向かって個別であることにより、内に向かった「一般」が担保される。

国家という倫理的実体は、おのれの現存在すなわちおのれの権利を、抽象的な在り方においてではなくて具体的な在り方において直接にもっているということ、そして道徳的命令とみなされる多くの普遍的思想のうちの一つではなく、権利のこの具体的な在り方だけが倫理的実体の行動やふるまい方の原理たりうる、ということである。(10)

諸国家は独立性をもったものの関係において相互に個別的意志として相対しており、条約が効力をもつこと自体この個別的意志に因ることであり、しかも一国全体の個別的意志は、その内容からすればその国家内の福祉一般である。そうである以上、この福祉こそが、国家の他の諸国家に対する態度を規定する最高の法則である。(11)

カント思想がコスモポリタンすべてのマニフェストになったとすれば、この倫理的共同体という発想は、いうまでもなく、テイラー（Charles Taylor）、ウォルツァー、フロスト（Mervyn Frost）

をはじめとするコミュニタリアンにほとんど無限ともいい得るほどの着想を与えてきた。ヘーゲルはまた、コミュニタリアンがコスモポリタニズムを批判する際に常套句として用いる「空疎」「根無し」「具体的状況を欠いた」という用語のグロサリーを提供し、アンチ・コスモポリタニズムのプロトタイプを築き上げたのである。

2　コスモポリタン－コミュニタリアン対抗軸の再設定

コスモポリタン思想とコミュニタリアン思想の対抗は、二十世紀後半以降のグローバル化という文脈においてはつぎのように再定式化される。コスモポリタンとは、権利義務関係が、地理的な境界をともないかつ慣習化された政治共同体だけでなく、区画のない（グローバルな）場においても成立すると考える思想家を指す。

かれらに従えば、人間の義務は、共同体の成員であると同時に人類の一員であることにより生ずる。それゆえ、同じ共同体の他者に対する義務のみでなく、共同体外の、あるいはほかの共同体の成員に対する政治的ないし道義的義務を実体的に構想することが可能である。

グローバル世界における論争

ベイツによれば、道義性が政治的共同体内で自己完結するということがあってはならず、その意味で、「諸国家内の出来事が、その外部からの道義的精査を免れる」という原理に根拠を見出すことはできない(12)。外部からの精査とはすなわち、なんらかの脱個別的な道義を前提としている。

したがって、コスモポリタンからみると、論敵であるコミュニタリアンは、自足的な慣習から道義を導き出し、また内部の同胞を優遇するという意味で非倫理的な側面を持っている。すなわちコミュニタリアンの論理では、共同体のあり方を成員が「内部から」問い直す可能性はかろうじて失われていないものの、成員による「自己満足的な」内省を超える道義的進歩が生まれてこない。

ドブソン（Andrew Dobson）がいうように、道義的な義務の内容は、必ずしもコスモポリタン思想家のあいだでも一貫しているわけではない。それはたとえば「欺かず」「害さず」を貫くこと、同情などの徳目を養い実践すること（リンクレイター）、また不正な制度に参画するのをつつしむこと（ポッゲ）、さらに正しい行いを為すこと（ジョーンズ）など、さまざまな徳目を含みうるであろう(13)。

しかし、主張において多様であるコスモポリタンも、同胞のみに義務が果たされることには倫理的違和感を表明し、同胞以外にも果たされるべき義務が存在すると考える点では一致している。もっとも、コスモポリタンにとって、この「他者」の内容には幅がある。かりに、「だれに対しても同等に」という意味でそれを「一般化された他者」としてとらえるベイツのようなコスモポリタンがいたとすれば、彼／彼女は道義的普遍主義を唱えるリベラルと同じ前提に立っていることになる。

一方、コミュニタリアンとは、道義の成立する実質的な「場」が、慣習として自生する空間に限られると考える人たちである。すなわち、権利義務関係は成員間の thick な（根付きの深い）道義観の共有を前提としているが、それを手にすることがかなうのは、地域的な居場所を持つ集団、しかも「近接性」のもとにいる人間集団のみである。

国際的な正義の問題について発言している数少ないコミュニタリアンのひとりウォルツァーによれば、「政治共同体の成員の頭のなかに生ずるであろう疑問」は、ベイツのいうような「共同体外の人間がわれわれを道義的にどう評価するか」ではなく、「われわれと同じ立場に立ち、われわれと文化を共有し、また共有し続けることを決意したわれわれのような諸個人が、何を選択するか」なのである(14)。

いずれにしても、かれらにとって、区画のある共同体は道義的価値を育むことができるのに対して、諸個人が構成するグローバル社会は右の意味での道義共同体にも政治共同体にも該当しない。このような観点からみると、論敵としてのコスモポリタンは、履行の保証のない権利義務を仮想し、あるいはひとつの道義則を「普遍化」の名のもとに複数の共同体に適用しようと企てることによって、個別性や多様性を危険にさらしているのである。

座標軸の問題

ところで、思想家の分類としてコスモポリタン－コミュニタリアンという対抗軸を設定することが、制約や問題をともなわないわけではない。たとえば、ひとりの思想家が両方の側面を有している場合には、このような分類が思想家の時代背景や、彼／彼女の主張の本質をゆがめることになるかもしれない。

たとえば、先ほど論じたカントのような思想家は、国内的公民状態の成立の場としての共同体と、個別の共和制の枠を越えて稼動するコスモポリタン的な空間の両者を構想していた。のちに紹介するリンクレイターのように現代の共同体が目指すべき方向を「個別的共同体と普遍的共同体のバランス」に見出した思想家も、この分類に納まりきらないものを持っている。

くわえて、この分類法では、リベラル－コミュニタリアンに分類されるということも起こり得る。たとえば、個人の自由を共同体の道義的価値より重んじたがゆえにリベラル－コミュニタリアン論争においてはリベラルと位置づけられるロールズも、リベラルな構成原理によって樹立された共同体を擁護し、「個別の共同体の道義的価値を人類社会よりも上位においた」という意味では、アンチ・コスモポリタンすなわちコミュニタリアンとみなされる。

実際に、意思や契約をして権利義務の履行確実性と共同体の安定性の保証ととらえたロールズは、その保証の得られる範囲を公民による共同体に限定したのである。『諸国民の法』においては、共同体の成員以外に対する正義の義務が、国民相互の「第二の契約」ののちにもきわめて脆弱で不確かな基盤しか有さないかのように描かれている(15)。

このように、ブラウンが提示した分類は、思想家の位置づけの大幅な変更を促すという意味で、研究者に対して困惑を与えるかもしれない。たとえば『国際関係の政治理論』(*Political Theories of International Relations*) を著したバウチャーは、国家システムの解体を説かずに、国家連合による平和を構想したカントのようなコスモポリタンと、国民国家を超える倫理的共同体をも射程に含め、祖国愛と人道性のあいだに矛盾を認めなかったグリーンやボザンケトのようなコスモポリタンを、ブラウンが同一のカテゴリーに収めた点を批判している。(16)

しかしながら、ブラウンの分類は、そのような難点を補って余りあるメリットを有すると考えられる。この対抗軸を使えば、これまで国際関係思想を分類する際に用いられたさまざまな座標軸を統合的に解釈することができるからである。たとえばこの分類法は、古代ローマやアングロ・サクソンの普遍主義とゲルマンの個別主義の対抗を描く際に用いられてきた universalism (普遍主義) と particularism (個別主義) ないし civilizationism (文明主義) と Kultur-ism (文化主義) の論争とも重なり合う部分があろう。

またこの分類は、共同体についての universitas (目的共有体) と societas (任意結合体) というオークショット (Michael Oakeshott) の二分法にも符合するだろうし、オークショットの区分に示唆を得てナーディン (Terry Nardin) が国際関係論において展開した purposive association (目的社会) と practical association (実用社会) という区分にも対応するはずである。(17)

さらにまた、国際関係論の英国学派は、個別共同体を超える人道的義務というテーマをめぐって、solidarism (連帯主義) と pluralism (多元主義) に分かれて論争を繰り広げているが、コスモポリタンは solidarism に、コミュニタリアンは pluralism に緩やかに対応するものと考えることができる。(18)

3　国家の道義性をめぐる論争

コスモポリタンとコミュニタリアンの論争点として、国家という政治共同体の道義的価値をめぐる問題がある。本節では、とくにコスモポリタン的正義の条件を探っているバリー（Brian Barry）と、リベラル・ナショナリズム論を展開しているミラー（David Miller）の論争を通じて、この問題を検討したい。

コミュニタリアンと政治共同体の擁護

一般に、コミュニタリアンは、つぎのような仕方で主権国家とリベラルなナショナリズムを「道義的に」擁護する。すなわち、かれらにとって主権国家の道義的価値は、それがカント的な共和政体や法治状態が可能なほぼ唯一の場であり、民主主義を実践するにふさわしい場であるという点にある。

コミュニタリアンに従うと、主権国家をエスニックな意味での共同体と考えることは今日ではもはや不可能だとしても、われわれはそれを、シビックな（市民参加に基づく）企図を実施する最適な空間とみなすことができる。したがって、領土や制度で結びついた市民が自発的に行う政治的営為は、それ自体保全すべき価値に相当するのである。

もとより、人間の尊厳には、政治的な参加や公的な活動が含まれる。しかし、人間が持つことのできる政治的な空間に境界があることは、移動やコミュニケーションの範囲に物理的な限界が存在する点からも明らかであろう。

実際に、そのような境界を越えてしまったグローバルな政治においては、市民の政治参加の機会は著しく制約されている。国境を越える「NGOによる政治」が正当性の不足に悩まされ、現下の国際機構や地域機構が「民主性の目減り」(democratic deficit) という問題を抱えていることは、その証拠とみてよいだろう(19)。

このように考えると、現在の一九〇余の独立国家は、制度化されて国際的に承認された自治の空間であるという意味で、政治的な実践を行う場として、理想的ではないにしても暫定的に最善のものとみなし得る。

デモクラシーは、字義通りに解釈すれば、demos（民衆）による archy（支配）にほかならない。その場合、demos とは、we で呼び合うことのできる、社会的アイデンティティを共有する集団と定義される。しかるに、国家には慣習や伝統による demos が息づいているのに対して、コスモポリスにおいては自治を行う主体としての demos が存在しないし、この先も存在する可能性はない(20)。

このような前提から、ミラー、スミス（Anthony Smith）といったリベラル・ナショナリストたちは、唯一制度化された共同体として、さらに道義的価値を実践し得る場として、国家の存在意義を軽視することのないよう訴えかけているのである[21]。

歴史を顧みるに、これまで、帝国、征服、植民地化、さらに自由化などの運動が、しばしば地域のイニシアティブを押し潰してきた。いつの時代にも消滅することのない帝国という脅威をまえにして、国家が主権を楯にその価値を弁護することには、各地域の文化、とくに各地域で築き上げられた道義的な流儀を守る意味があると、リベラルなナショナリストは考える。言い換えると、かれらは政治の多元性やデモクラシーの多様性そのものを人類的な価値と認め、国家をその主要な担い手として正当化しようしている。

非道義的な政治共同体をどうとらえるか

一方、コスモポリタンのコミュニタリアンに対する批判は、国家が道義的共同体になり得る「可能性」と、国家の「現実性」を混同している点に向けられる。

なるほど、この世界には民主主義を実践し、シビックな文化を培い、政府が市民を代表するような国家が存在する。そのような国においては、国内の少数者にも政治的な保護が与えられ、政治参画の機会が保証されている。

とはいえ、現在ある一九〇余の国家のおよそ半数は、民主的な国家としての基準を満たしていない。政府が国民の意見を反映していないか、あるいは、国家が国民と敵対しているという意味で、それらの実態はむしろ権威主義や独裁に近い。

人権の保障も十分でなく、市民への権限付与もなされていない国家が、コミュニタリアンのいうような、伝統や文化が自己決定を導く共同体、かつグローバルな多様性の一つの「核」をなすような道義的価値の担い手に、はたしてなり得るだろうか。

コミュニタリアンの主張にしたがえば、帝国を避けるためには、このような道義的に問題を含むコミュニティーの「価値」や自己決定をも、無条件で擁護しなければならないことになってしまう。その場合に、擁護すべき価値とは何であり、擁護すべきでない価値とは何であるかの判断は禁じられるだろう。

しかしながら、このような相対主義は、人間の道義的判断を退行させるばかりか、シビックな体制ないし他者に寛容な文化に暮らす人びとが、国外の家父長的体制に対して抱く批判をも、圧殺することにならないか。(22)

さらにいえば、なるほどコミュニティーは、国家という制度化された殻のなかで固有の文化を持ち、それを擁護し、発展させようとしている。しかしその文化が、単に、国家の多数派部族、支配階層、政治エリートに由来するものである可能性はないのだろうか。

実際には、「共通の文化」に基づいているとされる国内の政治的統合、安全保障や防衛が、少数派の異議申し立てを「共通」や「公共」の名のもとで遮断している例も多いのである。

コスモポリタンとコミュニタリアンの双方の主張がとくに衝突するのは、国際社会ないし国際機関がそのような抑圧的国家に対して発動し得る権利ないし義務の問題についてであった。

たとえばコスモポリタンのバリーは、コスモポリタン的な干渉を擁護するひとりである。かれによると、スタートライン、過程、結果の不公正を含む現下の国際秩序が、スキャンロン（Thomas Michael Scanlon）のいう契約論的な観点からみて「それを拒絶する側に合理性がある」、つまり「合理的には擁護され得ない」ものである以上、そのような不正な体制のもとで暮らす先進国や先進国市民は、グローバルな格差を縮める義務を負っている。(23)

そのバリーは、ＧＤＰに比例するかたちでの格差是正対策への貢献や貧困救済のための財の移転に始まって、海洋の通行量やCO_2排出量に応ずるかたちでの国際的権威組織による「課税」を提案する。そして、このような国際社会の連帯行動を支える動機が、国家の合理的選択ではなく、国家を構成する市民の道義的義務でなければならない点を強調している。

バリーはつぎに、特定の途上国において不平等なシステムが貧困や飢餓をもたらしている場合に、国際社会がなにをなし得るかの検討に進んでいる。

領土政府ないし支配エリートがそのようなシステムを強制していることが明らかな場合には、まずかれらの道義的責任が問われるべきことはいうまでもない。しかしバリーは、むしろ、国民の側がそのような不平等なシステムを「拒絶していない」場合に、つまり、宗教的（ヒンドゥー教など）、文化的（お上意識など）な理由でそのシステムを「受け容れている」場合に、道義的にどのような手立てが残されているのかを考察している。

バリーがコスモポリタンとして導いたのは、そのような場合、国家の「多様性」が必ずしも擁護すべき道義的価値にはならない、という結論であった。道義という角度からみるならば、国際社会の多様性には許容限度がある。すなわちバリーにおいては、一国内で伝統を通じて築き上げられた道義的な価値体系も、たとえ成員の多くがそのもとで精神的な満足を得ていようとも、道義的にみて不適切であると判定される可能性が排除されないのであった。(24)

多様性は格差という代価を生むか

一方、この論争においてコミュニタリアンを代弁しているといってもよい(25)ミラーは、マコーミック（Neil MacCormick）とともに、「人間が共同社会内的な存在であり」、また「ネーションは尊重を払うべきアイデンティティとみなされ」、さらに「ネーションはデモクラシーの条件である」という三点を強調するリベラル・ナショナリズムの主唱者である。(26)

そのミラーは、コスモポリタン思想の論理的妥当性を疑っているわけではないが、バリーのいうような、干渉や連帯の義務を生じさせる「強い（strong）コスモポリタニズム」に対しては、リベラル・ナショナリズムの立場からかなり詳細な反論を試みてゆく。

ミラーによると、現下の国家間の不平等は、バリーのいうような意味における不正には相当しない。むしろ、各国が、独立した共同体として存在し、それぞれ独自の社会正義を実践してきたことのいわば代価なのであった。(27)

リベラル・ナショナリストの観点に立つならば、一国の政府エリートの不正に由来する貧困や飢餓は、強いコスモポリタニズムの側に立たなくとも、むしろリベラルの擁護する国内的平等や基本的人権保障や基本的ニーズ保護の観点に照らして、批判の対象とすることができる。

言い換えると、不平等、そしてその結果としての貧困や飢餓によって、人権に尊重を払わない当該政治共同体に対するなにがしかの干渉の権利が生まれるとしても、バリーのいうような地球的な平等を目指し、地球的な課税を計画しなければならないことにはならないだろう。

それればかりではない。リベラル・ナショナリストのみるところ、かりにグローバルな平等を目指して暫定的な合意が形成され、それが政策へと移された場合、その弊害として、地域のイニシアティブが圧殺されることは明らかであった。なぜならば、各国家、各文明が平等について異なった観念を持つ以上、グローバルな権利や義務には、必ず個別共同体の正義（平等）概念が反映されるからだ。

成員が相互的な権利義務で結ばれた国内であれば、同胞他者の正義概念によって共同体の政策が打ち出されるとしても、少数者にさほど大きな問題が生ずることはない。けれども、国際社会にそのような権利義務を共有する「政治的共同体」が存在しないことを考えると、地球大の社会正義を目指す政策は、必然的に「いずれかの国や地域の社会正義概念」を不当に優遇することにつながり、そのことは順に、共存を脅かす。

このような根拠からミラーは、われわれが目指さなければならないのが、道義や文化において個別な政治的共同体が複数存在し、それぞれが異なった企図や異なった正義概念を追求し、しかも、成員が共同体のもとで人権を守るための固有の文化的、物理的手段を持ち得るような、多様な世界であると結論する。(28)

おわりに――二項対立をどう越えるか

「具体的な他者」を対象としない権利義務には履行がともなわず、また道義の統合は普遍の名による個別の排除につながるというコミュニタリアンからの批判に、今日のコスモポリタンはどのように応答しているのであろうか。逆に、地域共同体は自己満足的な内省しか持てず、共同体内の同胞の優先は非倫理的であるというコスモポリタンからの批判に、コミュニタリアンはどのように反論しているのであろうか。

本章の最後に、論争の最大の争点ともいい得るこのような問題について、有力な論点を提起しているリンクレイターの「討議倫理によるグローバルな共同体の創造」とフロストの「諸共同体の構成的（constitutive）な統合」を取り上げて、コスモポリタン－コミュニタリアン論争の行方を展望してみたい。(29) ともにヘーゲルの影響を強く受けた二人をここで検討するのは、かれらの理論がこの論争を「超える」射程を有しているとも思われるからである。

対話的なコスモポリタン

現代のヘーゲル左派ともいい得るリンクレイターは、国際的な人権保障メカニズムの必要性を訴え、また貧困解消のための国境を越えた行動を奨励し、さらに個別集団による技術的‐道具的理性の増殖を慨嘆《がいたん》するコスモポリタンである。(30) しかしかれは、「普遍の名による個別の排除」というコミュニタリアンからの批判をかわすため、「対話の倫理」によって普遍的な道義を創造し、論争的対話を通じて生成しつつあるグローバルな体制の道義性を再吟味しようと試みる。その際にかれは、ハーバーマスの討議倫理に手がかりを求めてゆくのである。(31)

リンクレイターにとって、対話が「包摂」を指向する保証のひとつは、「普遍的な合意に至る必要がない」という認識と自覚を対話者に呼び起こすことであった。リンクレイターによると、この対話が既定の筋書きを持たない点が自明とみなされ、しかもなお対話者が「より善き合意」への渇望を失わないとき、対話は共通道義の導出への有力な手段となり得る。(32)

> 勢力によってではなく対話によって運営される社会的交歓関係があり、その活動領域を拡大させるようなグローバルな制度が存在するならば、コスモポリタン的な市民はそれを支持するであろう。……（中略）……諸社会が、ともに普遍的コミュニケーション共同体という倫理的な理想に向かって進歩を生み出そうと望み、コスモポリタン的な市民として行動するならば、ポスト・ウェストファリア時代の幕が開くであろう。(33)

もっとも、そのような対話は万人に開放されているものの、参加者には通常の対話以上に厳格な討議倫理が課されることになる。すなわち対話者は、当初の「善き生」についての信念や包括的な教説に執着せずに、最終的にはその信念に対する修正をも受容する準備があることを誓約しなければならない。そのような参加者による対話から生み出された合意は、thin な（根付きの浅い）次元にとどまらないものとして理解され、自覚的な履行が保証されるものとなる可能性がある。

なるほどこの対話においては、「あらゆる道義的原理は、それが普遍的に妥当する場合にのみ正当化される」という前提が共有されている。この点において、リンクレイターの思い描く対話は、カント的なコスモポリタニズムとも通い合うものがあり、それゆえになお「普遍的統合の幻想」というコミュニタリアンの批判を免れてはいない。

しかし、リンクレイターのいう対話が契約論者の正義の導出法と決定的に異なるのは、それが、ロールズ的な「モノローグ」によってではなく、国際社会における実際の個別具体的なエージェントによってなされ、すでに受容されている道義に対話者が異議を申し立てることが可能な点である。

この意味でリンクレイターの対話は「具体的他者」を含んでおり、グローバルな場において実践として活かすことができる。(34) もっとも、このような参加と対話によるコスモポリタンの「埋め込み作業」は、もはやコスモポリタンによるコミュニタリアンへの反論としてではなく、「実践」(praxis) を取り入れながら両者の対立を克服しようとする試みとして位置づけられるかもしれない。

超国家的な弁証法

一方、コミュニタリアンの側にも、コスモポリタン的な道義を共同体に組み入れようという論者が存在する。現代のヘーゲル右派ともいい得るフロストは、コミュニタリンの観点に立ちつつも、道義的義務を同胞他者に対する個別具体的なものに限定することを拒否している。それによってフロストは、共同体が自己満足的な内省以外のものを持たないという批判に応えようとしているのである。

かれが手がかりを求めたのは、ヘーゲルの相互承認の概念であった。たとえば、ヘーゲルが個別性を体現し得る唯一の場とみなした国家も、ほかの諸国家によって独立を承認されなければ国家を名乗ることができない。国家となることがかなわなければ、そのもとで自由で平等な個人が自己を実現することも、集団のなかで道義的に生きることもできないであろう(35)。

いいかえるとヘーゲルの論理においては、個別具体的とみなされる国家の道義も、その承認が他国の道義観に左右され、他国との相互主観的な運動によって構成されるという意味で、普遍的理性との接点を失っていなかった。このように再解釈されたヘーゲル国家哲学のなかに、フロストは地域共同体を超える道義の発見可能性を見出してゆく。

さらにフロストは、国家であり続けることの承認が、今日ではある種の国際慣習、たとえば内政不干渉、武力不行使、人権の尊重などの遵守を前提としていることに注意を促している。つまり、このような「定着した規準」(settled norms) は、一国の「包括的な教説」の反映ではもはやなく、それなりの慣習の承認を得ているという点からして、普遍性を獲得したものとみなされる。新たに独立する国家が国連憲章への加盟を望み、その遵守を誓うのはその一例である。(36)

このようにして、ひとつの個別的な道義共同体の成立、そして他者によるその共同体の公式な認知は、究極において、諸国家（政府）ないしその市民による国際的な権利義務履行の誓約に基づいて達成される。ここからフロストは、国際社会に、われわれが他者を認知し、他者と相互主観的な関係を取り結ぶディスコースの場、つまり普遍的な道義共同体がすでに成立しているとみる。

地域的、国民的な共同体が最も重要な道義共同体であることに変わりはないとしても、その共同体自体が、ほかの共同体との相互主観性のなかで自己形成されるというフロストの解釈においては、ヘーゲルのいう「上方向の運動」が国家にとどまらずに、国家間の段階に進む可能性が示唆されている。ヘーゲリアンとしてのフロストがなお国家を道義的存在として擁護し続けた理由は、具体的な共同体と普遍的な道義との重要な結節点が、国家においてこそ見出されるからであった。(37)

リンクレイターにおいては、共同体と国民国家が同列に扱われ、フロストにおいては、共同体概念が主権国家に還元されている。このことがはらむ問題の検討と、かれらの共同体を国民国家の下位集団や「政治共同体」一般に適用しうるかどうかの検討には、別の一稿を費やさねばならないだろう。いずれにしても、コスモポリタン－コミュニタリアン論争は、「埋め込まれたコスモポリタ

ニズム」をめぐって新しい段階に到達しつつある。(38)

付記

本章は、政治思想学会(二〇〇八年五月に岡山大学で開催された。統一テーマは「政治空間の変容」)で報告した原稿に、加筆修正を施したものである。コメンテーターと司会を務められた岡野八代、齋藤純一、菊池理夫各氏からは有益なコメントを頂戴した。また、ウェールズ大学の Hidemi Suganami 氏からは、とくに英国学派の評価についての情報をお寄せいただいた。記して感謝を申し述べたい。

第4章　介入はいかなる正義にもとづきうるか

——誤用と濫用を排するために

はじめに

冷戦終焉後、国際社会は武力を取り巻く環境の変化を見届けた。アメリカ、カナダ、EU諸国、日本、オーストラリア、ニュージーランドは、平和愛好的な連合ともいうべき協調体制を樹立し、相互に戦争に備える必要をゼロに近づけている。さらに、国際的な協調ムードの進展によって、米ソ、米中などの大国間の関係においても、武力が行使される可能性は著しく減少した。

先進民主主義国といわれる国々は、たとえ外交上の軋轢が生じても、相手が戦争に訴えてこないという保障を手にすることで、ウェント（Alexander Wendt）のいう擬似「カント的安全保障共同体」を構築したのである。(1)かりにこの体制内部の国家関係、ないしは人間関係が問題であるならば、戦争や介入の正義を論ずる余地はほぼなくなったといえるだろう。

しかしそれとは裏腹に、イデオロギー的な呪縛が解け、国家というタガが外れた非西洋の一部地域は、冷戦終焉によってかえって内戦や内乱に見舞われやすい地帯となった。たとえばソマリア、ルワンダ、ボスニア、スーダンにおいては、領土の一体性や政府の正当性が失われ、そこに国外からの武装勢力も加わって、殺戮や虐殺が繰り返された。国民の安全が低下したことで大量の国外難民、国内難民が発生し、それらの国々は、地域全体の不安定要因ともなっていた。

このような事態は、カント的な世界の居住者たちに衝撃を与え、平和を享受し得る地域が地球上ではいまだに特例でしかないことを自覚させた。リアルタイムで報道される惨状に心を痛めたカント的共同体の市民から、人間の安全が脅かされている地域に救いの手を差し伸べようという動きが湧き起ったのは、このような自覚の高まりの結果であるといってよいだろう。

カントは、「理論では正しいかもしれないが、実践には役に立たない、という通説について」という論文で、人類が道徳において高次の段階に到達すると「人間の悲しむべき現状に対する判断と、したがって我々の自責の念とはいよいよ厳しくなる」と記していた(2)。

このカントの一節は、「永遠平和」に暮らし始めた先進各国で介入の正義に関する議論が高まった理由をよく説明している。ノーベル平和賞を受賞したウィーゼル（Elie Wiesel）がいうように、「かくして、血が流されるのを防ぎ、死がせせら笑うのを妨げろ、すなわち介入せよという命令が下された」のである(3)。

ここで要請されている正義とは、国際法の伝統における国家の守るべき義務、すなわち国境の尊重、内政不干渉、武力不行使などと同一ではない(4)。たとえば、台頭しつつある「人間の安全保障」という考え方においては、国家や領土の安全には収まりきらない問題、すなわち抑圧、差別、虐殺、略奪、食料や飲料水の欠乏、保健衛生状態の悪化などが、国際的な秩序と安全に対する脅威、つまり干渉や介入の事由となる不正として認定され得る。

実際に、一九九〇年代より国連は、このような脅威に対処するための活動に従事してきたが、その目的は国家の安全確保を超えて、難民の保護と帰還、人権の監視、人道的な支援など、国家内の個人の安全確保でもあった。個人の安全が問題である以上、軍事的であれ非軍事的であれ内政への干渉を避けて通ることはできない、との合意が形成されつつある(5)。

しかし、介入の要請が高まっているとはいっても、介入の正当性の問題が明確に定式化され共通了解を獲得しつつあるわけではない。ウィーゼルがいうように、「介入はいつ正当化されるか。たとえその原理が確立されたとしても、いったい誰がプログラムを作成し、優先順位をつけるか。いったいどの瞬間から介入は義務となるか。介入が実行されるのに必要な条件はなにか。またその実行はどのような手段によって行われ、誰によって実施されるか」という問題は、ほとんど手つかずのまま残されている(6)。

他方、内部での武力行使の可能性を最小化したカント的共同体の市民においても、ワイトの懐疑論の影響、つまり国内で「善く生きる」ための道徳や法律を強制できるのとは異なり、外交はひとり「生き延びる」ためのものであるから、国外に「正義の概念」を適用するのは妥当でないという現実主義や懐疑主義の呪縛はいまだに衰えていない(7)。いやそればかりか、むしろアメリカの政策担当者、とくにG・W・ブッシュ政権時代の新保守主義者などによる正義の明らかな「誤用」によって、逆に介入の正義に対する不信が増幅され、介入を論ずるのに不利な環境がもたらされているといっても過言ではない。

かさねて、武力介入が国連安保理の決議によって合法性を付与されている場合でさえ、その介入の時期と場所の選定は大国の政治的な思惑や軍事戦略的な配慮など、およそ正義の公準とは無関係な判断によって行われている。いずれにしても、介入の正義が定立されるには、まだかなりの議論とそのための時間が必要だろう。

本章では、冷戦終焉後に展開された介入の正義のディスコースを批判的に分析しながら、正しき介入を論ずる前提と作法の問題に迫ってみたい。

1　正義の誤用の先行

「介入の正義」の基礎づけが急務となった理由のひとつに、先進民主主義国の思想家ないし実践家の精鋭が、正義の「誤用」ともいい得る仕方で武力介入の条件を大幅に緩和し、コソヴォやアフガニスタンへの介入に正当化の根拠を提供してきた点があげられる。

イグナティエフ（Michael Ignatieff）やクシュネール（Bernard Kouchner）を代表的論客にもつリベラルな介入派は、「自由を奪われている人びと」の救援が、人類愛、愛他心などの単なる倫理的な徳目ではなく、介入する根拠のひとつだと考える。

リベラルな介入派の陥穽

人権保障、介入、民主化がいわば三位一体として平和を促進するとみなすかれらにとって、圧制、抑圧、人権無視にあえぐ人びとの抵抗運動を支援し、その国の体制を変更することは、自由を享受

している人びとの権利であるばかりか責務なのである。(8)

もちろん、「自由を奪われている人びと」の救援のみを大義とした介入は、実際にはまだ行われていない。しかし、当初「自衛」の名目で行われたNATOのアフガニスタン攻撃は、やがて「アフガニスタンのテロリストの処罰」(bringing justice) という大義が色あせ、介入継続への支持を取りつけることが難しくなるにつれて、抑圧されている人びとに「法の支配、国家権力の制限、女性の尊重、私有財産権、言論の自由、公正、宗教的寛容」をもたらすためのものに変わっていった。(9) このように、民主化と自由化は、いまや介入の正当化根拠のひとつを構成しつつある。

しかしながら、このような「自由を得させる」ための介入の正義論に対しては、少なくともつぎのような理論的、実践的異論が提起されるだろう。

伝統的な正戦論における開戦の正当事由によれば、武力行使は、不正をこうむった側が自衛もしくは不正行為者の処罰という目的を達成するためにのみ許される。しかるに、たとえば不正を直接にこうむっていないNATO部隊がユーゴスラヴィア（セルビア）軍に対し、ボスニアのムスリムやコソヴォのアルバニア人の安全を守るために必要な範囲を越えて武力を行使することは、自力救済ではなく、第三者による国内体制の強制的な変更とみなされる。

その場合には、権利や自由が著しく侵害されているか否かの判断を、また、自由を侵害されている者が民主主義を望むかどうかの判断を、被侵害者以外の人間が下さなければならない。

自らを解放するために抑圧と戦う人間にしか自由を得る資格がないのであり、自由を得させるために行う介入には価値がない、と述べたJ・S・ミルの極論には与せずとも[10]、自由を奪われた人間が、自らの安全の確保を超えた「民主主義への強制的移行」まで望み、さらにそのために外部からの救援まで望むか否かの意思確認は、容易ではないだろう。

リベラルの自己決定論の前提に立ち、ドゥウォーキン（Ronald Dworkin）の「外的選好」（external preference）の概念を借りていうならば、人間が抱く「生きるに足る人生を送りたい」という欲求は、かれに権利の根拠を生じさせ、他者にその権利に尊重を払うべき義務を生じさせる。しかし、ある人間が「他者（この場合は紛争国の人びと）の人生はかくあるべきだ」という確信を抱いたとしても、それだけでは他者に権利を発生させることはなく、確信した側に介入の義務を生じさせることもない[11]。

しかも、より民主的な政府を樹立するという善意で「他者のために」介入を行ったとしても、樹立された政府を現地の人びとが認めるかどうかを予測することは、つまりかれらの未来の意思をあらかじめ言い当てることは、現下の意思を確認することよりも難しいだろう。

このようにみてくると、カント的共同体が自身の道義心の高まりのゆえに行う「自由な体制樹立のための」介入義務の正当化は、多くの論理的、実践的な壁にぶつかるばかりか、リベラルがよって立つ自己決定や自己責任の体系そのものと齟齬をきたしているのである。

アメリカの新保守主義における正義

同様な批判が、二〇〇一年一〇月七日にNATOがタリバン政権への攻撃を開始したときそれを「正義の戦争」と呼んだエルシュタイン（Jean B. Elshtain）、ウォルツァー、フォーク（Richard Falk）、ローズ（Gideon Rose）、ジョンソン（James Turner Johnson）に対して、さらにまた、新保守主義者クリストル（Irving Kristol）、ケーガン（Robert Kagan）、ブート（Max Boot）、ダナリー（Thomas Donnelly）と、かれらに先導されるままに介入の正義を誤用したアメリカの政策担当者および政策助言者に対しても妥当するだろう(12)。

新保守主義者は、帝国的な世界観をもとに正義のディスコースを組み立てて、それが地域全体の安定に貢献し事後的に正当性を供給するだろうという曖昧な見通しのもとで、「民主化」を介入の正義のひとつに加えた。

このような介入の正義論は、アメリカ新保守主義者やG・W・ブッシュがアフガニスタン介入の緒戦の成果で自信を深めたのちに、「善意の帝国」が慈悲深い方法で行う介入は単独で行われても許容されるという拡大解釈を生み、やがてそれは国防における先制行動（preemptive action）を正当化する論理とも結びついて、アメリカの積極的な介入姿勢を生む要因となった(13)。

しかしながら、このような正義もまた、今日合意を獲得しつつある正義を論ずる「作法」に照らすと、介入の正義の土台としてはふさわしくないもののように思われる。

なぜならば、介入の正義のアリーナはグローバルな空間であるにもかかわらず、正義を引き合いに出すアメリカの大統領や高官が、ステークホルダーである国連や国際社会全体にむかってではなく、なによりアメリカ国民という特別な聴衆のために、しかも、かれらを奮い立たせるためのレトリックとして正義を用いているからである。

さらにまた、そこで口にされるローカルな正義の中身は、聴衆の期待に沿って人道性、報復、処罰、自衛、同盟国救援、民主化などに変わり、国内の政治状況という偶然性の支配を受ける。聴衆（空間）をこのように一国に限定し、しかも「強者」という特性を背景にしたアメリカの正義は、ロールズのいう無知のベールを被せた対話からは生まれないし、普遍性や不偏不党性という正義の条件を満たし得ない。

『善と悪を司る大統領』（*The President of Good and Evil*）を著したシンガー（Peter Singer）は、ブッシュのディスコースを詳細に分析し、かれの倫理観が個別的状況に反応する直感や本能のみに基づくものである点を指摘している(14)。当初から「自らをも拘束するような」明確な判断基準を持たずに、得られた結果についてそれがいかに正義にかなっていたかを云々するのはいわば口実と弁解にすぎない。つまりアメリカの正義の国内的フォーラムにおいては、口実と正義の境界線が果てしなく不明瞭なのである。

いうまでなく、伝統的な「正義の戦争」の基準に照らしても、アメリカのイラク攻撃が要件を充足するものでないことがわかる。「目的に対する手段の適切さ」（釣り合い）の基準に関していえば、イラクの大量破壊兵器の製造や貯蔵という「疑惑」が「体制変更」のための介入を正当化するという論理には明らかに飛躍がある。

しかも介入の背景には、石油資源やユーラシア大陸の要衝の制圧という経済的、軍事的な思惑が潜んでいたことが明らかになりつつあるが、それは、トマス・アクィナス以来引き継がれている正義の戦争の要件としての「正しき意図」と抵触するかもしれない。

なるほど、「国益への配慮抜きに、介入への国民の合意を取りつけることはできない」というアメリカの論理には、一定の根拠がある。しかし、国益が「主」、正義を「従」とみなしているといっても過言ではないアメリカ政策担当者や政策助言者が、正義の「語り手の資格」を持つことには、不信がつきまとうのである。

アメリカの語る正義をこのように分析してゆくと、むしろそれを否定ないし矯正するという手続きのなかに介入の正義は成立するように思われる。そこで次節以下では、このような誤用とは距離をおき、普遍的正義に到達するにはどのような作法が必要か、そこから導き出される正義の近似値とはなにかを究明してみたい。

2　介入の是非をめぐる議論

自衛を除くと論理上も国際法上も許容されないはずの武力行使が、自衛以外の目的においても正当化されると考える人びとがいるのはなぜか。

この世界には、領土政府が対処能力を欠き、外交努力や経済制裁によっても改善が期待できないが、第三国の武力によって難民保護、安全地帯の設定、武装解除を実施すれば解決の見通しが立つ、というような人道的な危機が存在する。

しかるに、人権を侵すべからざる人間の権利と仮定するならば、この権利が侵害されたか侵害される恐れのある場合に、他者や国際社会にはなんの義務も課されないということは、人権を普遍的権利と認定していることと矛盾する。人権保護や人道を目的とした武力行使というアイデアは、ここに由来する。

介入正当化の論理

介入の正義の前提は、われわれに突きつけられている選択が、「最悪」と「よりましな悪」（lesser evil）との選択であり、われわれはその選択を合理的に行うことができるというものである。いうまでもなく、武力介入は、それ自体が予想できない悪をもたらし得る。抵抗する兵士を殺傷するだけでなく、戦闘意志のない民間人を巻き込むかもしれない。しかし、大量虐殺という事態が目前に迫っている際の傍観や不介入は、場合によっては数千、数万の「不作為による」犠牲者をもたらし得る。

そこで各国や国連の政策担当者は、非軍事的手段（強制外交、非難決議、経済制裁など）か軍事介入かという選択だけでなく、「犠牲を放置する傍観という不正義」か「犠牲を生む介入という不正義」かという選択にも迫られる。後者を選択する場合には、その決定に対する説明責任が発生し、正当化事由が示されねばならない。

なるほど、犯された不正、あるいは犯される恐れのある不正をより少ない不正で阻止することが正義にかなうと考えることには十分な根拠がある。これに対して合理的に反論するためには、介入の根拠となる「犯された不正」（人道に対する罪など）が、不正に対処する際に生じた不正（非戦闘員の殺傷、誤爆、介入要員の犠牲など）よりも、「小さいものである」ことを立証しなければならないだろう。

もっとも、原則的に介入が禁じられている現行の国際法体系で、「介入に反対する側」に挙証責任が課されることはありえない。そこで、介入を正当化する側が、その成功の現実的かつ確実な見通しを、あらかじめ明瞭に示さなければならないのである。

以上が介入の正義を論ずる前提である。もちろん、この前提そのものに挑む有力な立場が存在する。その立場は、「武力が根本的に問題を解決することは決してない」という経験的な命題を足掛かりとしていた。

このような命題から出発する人びとは、戦争報道が伝える犠牲者、負傷した老人や子ども、餓えに苦しむ市民、焼かれた都市、破壊された建物を根拠に、「暴力は暴力の連鎖を生む」という結論を導き出し、戦争は得られる「善」以上の「悪」をもたらすと主張する。

したがってかれらによれば、干渉的な措置が必要だとしても、非軍事的な経済制裁がとり得る最終の手段なのである。[15]

介入の正義に対する誤解

介入の正義の前提に関するこの論争に決着をつける作業は、もちろん本書の任務を超えている。しかしながら、介入の是非をめぐるこの論争の軸と対立点を明確にするために、ここでつぎの点を明確にしておくのが有益かもしれない。

正しき介入（just intervention）に不信と警戒が向けられる理由は、その概念が正義の命ずる武力行使があるかのような印象を与えるからだろう。しかしながら、ブラウン（Chris Brown）が指摘するように、それは、犯された不正や暴力に相対するとき、場合によっては暴力行為が「正当化される」という内容を示すだけであり、介入を正義として賛美するものではない。[16]

正しき介入の議論は、「正しき権威、正しき大義、正しき意図」を要件として掲げたトマス・アクィナス、ヴィトリア、グロティウスらの正戦論の伝統を継承しつつ、武力行使を「一般」とみなすことを拒否し、しかも「特例」の生ずる余地を能う限り減らそうとつとめる。[17]

介入の正義を定立すれば、なぜ逆に介入がしづらくなるのだろうか。介入の正義論を、その濫用を阻止するための限定条項としてとらえることもできるからである。その条項のうち最も重要なものは、介入が目的ではなく手段であり、いかに有効な手段に思われたとしても最終手段でなければならない、という条項であった。[18]

ここでいう最終手段とは、非戦闘員と戦闘員の選別、犯された不正に見あった武力の使用、正当な権威による介入の決定、介入前よりも改善された和平を樹立する責任、などの正戦の諸要件のうち、つねに筆頭に位《くらい》すべきものだろう。

実際に、国連安保理が介入を行うにあたっては、「武力行使を含むあらゆる手段を取り得る」という決定を下すまえに、必ず「紛争の全当事者に対し、敵対行為をただちに停止し、停戦に合意し、和解および政治的解決のプロセスを促進」せよという警告が行われるのが通例となっている（安保理決議七一三、一九九二年）。

また一九九四年に国連が旧ユーゴで軍事力を行使した際には、ボスニア・ヘルツェゴビナにおいてあらかじめ軍用機の飛行禁止区域を設定し、しかるのちに侵入したセルビア人勢力の飛行機を撃墜している。

このように、介入以前にとるべき手段を条件として厳格化してゆくことで、予告なく無制約に、十分な準備と結果についての検討を経ずして介入がなされる可能性を、大幅に減少させることができるだろう。

さらに、介入の正義論は介入自体を否定するものではないが、「特定の介入」には非戦論より強く反対する傾向がある。その典型例と思われるのが、二〇〇三年のイラク戦争へのフランスの対応であった。

非戦国家日本の小泉首相（当時）が「私は戦争が嫌いです」と前置きしたうえで、日米同盟その他の思惑からアメリカの介入にやむを得ざる支持を表明したのに対し、シラク仏大統領は「フランスは非戦国家ではない。その証拠に旧ユーゴスラヴィアに大量の兵士を送っている」と明言したうえで、「しかしイラクへの武力行使は不当だ」と述べていた。(19)

フランスには、国連による「査察の継続」という手段が残されているあいだは最終手段を選択すべきではなく、選択すべきではない段階の武力介入は不当であり、許容されるべきでないとの認識があった。

実際に、正しき介入の理論をこのように制約条件として解釈し、それを冷戦終焉後になされた介入に厳格に当てはめると、コソヴォ、アフガニスタン、イラクへの介入はすべてその基準を満たしていない介入であることが明らかとなる。

さらに、非戦論者が期待をかける非軍事的な干渉についていえば、最終手段が武力介入ではなく経済制裁であるべきだとしても、介入の正義の議論が政策選択の基準として有用性を発揮し得るつぎのような場合がある。

すなわち、牽制や懲罰の意味で行われる臨検、封鎖、禁輸とて、長期にわたり非戦闘員と戦闘員をともに苦しめることに変わりはない。通例、軍事物資や贅沢品のみが対象で「医療目的および食料品」は除外される（安保理決議七五二、一九九二年）とはいえ、全体主義体制において国内の配分が公正ではあり得ない以上、国内の少数者、弱者ほど、この政策の被害を直接に受けることになる。実際に、イラクやユーゴスラヴィアへの禁輸で基礎医薬品が不足し、通常なら救われるはずの命も失われたという。

したがって、介入の正義の内容、つまり悪に対しては「より少ない悪で対処すべき」という原則、あるいは牽制、制裁、懲罰を行うにしても、戦闘員のみを標的にすべきという「選別性の原則」は、経済制裁の正義にもそのままあてはめることができる。介入の正義の議論が、介入以外の問題に対しても一定の有効性をもつ理由である。

介入と国家主権

ところで、介入の正義に対しては、伝統的な主権擁護論の立場からいまひとつの有力な反論が提起されている。すなわち、国際法は第一義的に主権国家の「共存」を目指すものであり、「善き共存」をもたらすものではない。一国内の道義的問題にこだわって共存のための原則（内政不干渉）を崩す先例をつくることは、国際秩序や国連体制の正当性そのものに打撃を与える、というものだ。

しかも、内政不干渉や民族自決の原則は、それ自体が道義的な内容を持ち、これまで帝国的な野望の防波堤として機能してきたし、これからも機能するよう期待されている。したがって、抑圧的な体制を持つ国家が出現しても、主権諸国家による秩序に壊滅的な効果を及ぼす恐れのあるものでない限り、それを国際秩序のために払うべき代償とみなさねばならない。

このような主権の擁護論は、国家の独立性が国民の文化的、政治的価値を守るため、ひいては国際社会における多元性を擁護するためにも必要である点を強調する。すなわち、個人が道徳的な人格を持ち、他者を害することのない限り絶対的に尊重されるのと同様、道義的に非難されるべき国家も、ほかの国家を害することのない限り、またジェノサイドなどの国際法違反を犯さない限り、尊重される権利を有するとされる。このように解釈すれば、武力介入が正当化されるのは、抑圧国家から不当に損害をこうむった近隣国家が自衛で行う場合だけということになる。

介入に対するこれらの懐疑論が、人権との類推で国家の独立性をアプリオリ（先験的）に擁護していることは明らかだろう。このような擁護論に土台を提供したヴォルフ（Christian von Wolff）によれば、国家は自然状態におかれた個人と同じであり、個人が存在論的に固有な価値を認められるべきなのと同様に、国家もまた絶対的独立性を主張し得る[20]。

近年では『正当な戦争と不当な戦争』（*Just and Unjust Wars*）を書いたウォルツァーが、「人間がその家庭を防衛するのと同じように国民はかれらの国を防衛し得る」と述べ、個人との類推に基づいて正義の国家的個別性を擁護している[21]。

しかしながら、国家内部の民族紛争の解決を論ずる際にこのような類推を持ち出すことは、はたして有効だろうか。いやグレアム（Gordon Graham）が指摘するように、個人というユニットは、その身体の境界に、国境に対してなされるような異議が申し立てられることはありえないし、ユニット内の諸器官が、国内の諸民族のように衝突し、その統合性が攪乱される恐れはない。

しかし、介入の対象となる国家は、そもそも内部の諸民族が言語、文化、伝統、イデオロギーなどによって激しく対立し、それぞれが他を害しあうという状態におかれている[22]。つまり、内戦が生じた段階で、「統合された個人」と「一体である国家」を類推することはできなくなっている。『新戦争論』を著したロンドン大学のカルドー（Mary Kaldor）は、領土主権を認められた国家にほかの主権国家が侵入するという従来のイメージで介入をとらえる立場を批判していた。カルドーによれば、セルビア人勢力、クロアチア人勢力、ボスニア人勢力による内戦であるボスニア紛争への介入が独立国家ボスニアの主権侵害になり得ると主張した主権主義者は、「民族浄化と大量虐殺」以外のなにものでもない紛争を、「戦闘当事者のあいだで行われる旧い戦争」と取り違えてしまったのである(23)。

さらにいえば、内戦の解決はその国民に委ねるべきという内政不干渉の主張は、セルビア人勢力にはユーゴスラヴィア軍が、ムスリム勢力にはトルコ、サウジアラビアなどから義勇兵が加勢していたこと、つまり国連が介入するまえにすでに「不正な介入」が行われていたという事実をとらえ損なっていた。

実際に、冷戦終焉後、武力は国益のために勝利を目指して国家が行使するものから、内乱、内戦において国家内での有利な立場を築くために行使されるものに変わってきている。非戦主義者においても、正義の戦争の擁護者においても、このことの認識が不十分なまま介入が議論されれば、かれらは誤った結論に導かれるだろう。

いずれにしても、このような議論の混乱は、介入の正義の議論より先に、「戦争や紛争の再定義」のための議論が必要であることを裏づけているのかもしれない。

3　介入を促す倫理観

介入の正義は、それが中世キリスト教の正戦論の流れを汲むものである以上、西欧の戦争観や価値観から自由であるわけではない。

心情が先行して戦略を持たなかったソマリア、ルワンダ、ボスニアへの介入から、比較的迅速に行われそれなりの成果を誇ったコソヴォの介入にいたる試行錯誤の過程を追うと、そこには冒頭であげた「カント的世界」に共通する倫理観が作用し、それがまた介入のエートスをかたちづくっていることがわかるだろう。

本節では、介入を積極的に擁護する一部の人びとにとって、介入の反対がなぜ「平和」ではなく「傍観」であるのかの理由を明らかにする。そのために、介入正当化のディスコースの文化的背景を洗い直し、それが介入の正義の議論の方向をどのように左右しているかを検討したい。

世界を司る正義

ソマリアやルワンダへの国連による武力行使正当化の論理を解剖すると、同情や共感だけでなく、「不正を犯したものは処罰されなければならない」という懲罰的な倫理観にも衝き動かされていたことがわかる。

アメリカ、フランス、イギリスなど六カ国が提案した安保理決議九一八（一九九四年）には「ある民族集団を破壊する意思をもって、そのような集団の構成員」を殺害することが「国際法のもとで処罰される犯罪を構成する」と宣言されている。

自然災害と異なり、抑圧、虐殺、略奪にはいわば首謀者がいて、実行犯がいる。その実行犯が個人として追及され、公の場で非難されなければ、この世を司る公共性としての正義が脅かされる。第二次世界大戦直後に戦犯法廷の設置を促したのも、このような意識であったと考えられる。

たとえば正戦論のパイオニアのひとりヴィトリアは、『人類共通の法を求めて』のなかで「善人や無垢の者を圧迫しても罰せられない」としたら、「世界の幸福な状態の維持がまったく不可能だし、すべてのものごとが最悪の条件下に置かれるだろう」と述べ、別の箇所では、正義の戦争とは不正行為者が「いよいよかさにかかって悪をなし、大胆になっていく」のを阻止するためのものであると論じていた。(24)

そのような格律は、かつて「右の頬を打たれたら左の頬をも向け」るよう不正の甘受を義務づけられたキリスト教徒に対し、異教徒や不信心者と相対する場合に限って、例外的に武器の携行を許すものであった。

実際に、「不正には武器をとって闘うべき」という格律は、西欧正戦論の源流のひとつをなし、「懲罰の対象となる相手もまた神の子である」という格律とともに、それぞれ武力行使の正当化(jus ad bellum) と、武力行使にさいしても相手方に倫理的、人道的な配慮をなすべしという戦時国際法（jus in bello）の背景を構成しているのである。

さらに、旧ユーゴ国際戦犯法廷（ＩＣＴＹ）やルワンダ国際刑事法廷（ＩＣＴＲ）の設置の動機やそれらの動向を追うと、懲罰的正義や矯正的正義といった概念が、紛争の再発防止や平和構築に貢献するものと期待のかけられている「移行期の正義」（transitional justice）をも、導いていることがわかる。

しかし、このような倫理観は、介入の正義を誤った方向に導く危険性を持っている。なぜならば、懲罰は公共（人類）の敵である悪玉と善玉を識別できることを前提としているが、紛争が長期化し、泥沼化した場合に、これらをはっきりと区分けすることは困難だからである。

かつてボスニア紛争において、介入側は、セルビア人勢力が悪玉であり、ムスリム勢力が善玉かつ犠牲者であるという図式をもとに介入に踏み切った。しかし、ムスリムもセルビア人強制収容所を設営していたという点からして、この図式は正確でなかったことが明らかになっている。

いずれにしても、懲罰や矯正を目的とした介入の正当化は、不正や犯罪を断層化かつ個人化して、一時点で犯人を固定することになりやすい。このように考えると、介入を根拠づけている不正者への懲罰という倫理観が、正義の要件である中立性を阻む危険性は排除できないだろう。

「善きサマリア人」と正義

懲罰と並んで介入の正義を支える第二の要素に、「放置と無関心は罪」という作為主義がある。

パリ大学法学部教授ベッターティ（Mario Bettati）は、「国連加盟国はルワンダやボスニアの人々が民族戦争や攻撃の犠牲になって殺されてゆくのを放置したのだから、危険の中にある人間や民族に対して援助しなかったという罪を犯した」と述べている。(25) ここには、苦境に立たされている人びとに対して、自身をはなはだしい危険にさらさないかたちで「なにかを為しうる」ならば、それを為さないことは傍観であり、罪であるという倫理観が語られている。

長年にわたりプリンストン大学で宗教学教授を務めたラムゼイ（Paul Ramsey）はその著『正しき戦争』（*The Just War*）において、キリスト教徒の隣人愛は「無垢の隣人」の命が脅かされているのを傍観することを許さない、という論理から、ベトナムにおけるアメリカの武力行使を容認した。(26)

このようなディスコースは、欧米社会に暮らす人びとの多くにとって、傍観より作為が倫理的にみて合理的であり、なお介入の正義が「傍観の戒め」でもあることをも示している。これは、政治家や外交官の行動として「作為」がより高く評価されていることとも関連がある。行動力の証として「最終手段」を強引に用いたかったG・W・ブッシュのテロ対策がこのような背景に促されていたことは、明らかだろう。

実際に、西洋では「善きサマリア人」（good Samaritan）の例えが、ある種の規範を構成し、善意の行動において無垢の人びとを巻き添えにしても、その過失が赦免されることに対しての緩やかな了解がある。この作為主義は、たとえば、状況の推移を見守って「成功の見通しが確実でない場合には行動を躊躇する」ような日本の風土と、好対照をなしている。

「善く行え」という原則があるからには、他者が事故によるかもしくは悪事の犠牲として深刻な害を受ける恐れがある場合、共通の道義は、われわれが彼らのために行動するように要請する。この要請は、善きサマリア人の例えにおいて明らかにされており、より正確にいえば、「他者の生命が危険にさらされている場合に傍観していてはいけない」という神の命令のなかに言い表されている。この命令が促すところの「善く行え」という原則によって、他者の福利を増進させるために「どのような方法を使うか」を、われわれは自由に決定することができる(27)。

そのような倫理観は、前節で紹介した「犠牲の総数を減らすことは正義である」という確信をも支えていると考えることができよう。介入による犠牲が不介入の犠牲より少ないだろうという見通しが立てば、欧米諸国が介入を躊躇しない理由はここにあるといえる。

もちろん、戦争禍として環境破壊や劣化ウラン弾が原因で身体の不調を訴える者の数を加えると、この計算は単純ではないかもしれない。さらに、この倫理にまつわる大きな問題は、介入の根拠となるこの不等式が、介入の行われた時点で検証できなくなる点である。

介入が行われると、「行われなかった場合の犠牲者」の算定は反実仮想の領域となり、介入を事後的に正当化するために誇張される傾向にある。しかし、これらの問題は、正義の本質の外にある問題として処理され、正面から問われることがない。

迅速と効率という正義

最後に、コソヴォ介入の迅速さを導いたものは、正義のバリエーションともいえる「人助けは迅速でなければならない」という倫理観であった。

この倫理観においては、たとえば、現在の介入における犠牲が、X日後の介入における犠牲を下回る場合に、この介入の正当化根拠は高まるとされる。これは「緊急性が生み出す正義」として、たとえば国連総会決議「自然災害または同等の緊急事態の際の被災者に対する人道援助に関する決議」四三／一三一（一九八八年）において、「犠牲者を放置することは人間の尊厳に対する侵害であり」、また「迅速さこそが犠牲者の増大を回避させる」という文言でも定式化されている。

西欧の人びとが緊急性という正義を、「不正義の芽を早期に摘みとって犠牲者を減らす」といういまひとつの正義に結びつける場合、そこにトラウマともいうべきナチス・ドイツの記憶や経験が影を落としていると考えることができる。

実際に、コソヴォ危機に臨んで、セルビア人によるアルバニア人の大量虐殺を防ぐために介入正当化の論陣を張った西欧人の多くは、ズデーテン割譲要求からミュンヘン協定にいたる宥和政策がヒトラーの増長をもたらし、結果的にそれが大量のユダヤ人犠牲を生んだという記憶から、迅速に介入する必要を訴えていたのである。

たとえば、アメリカ国務長官を務めていたオルブライトは、チェコで出生し、ユダヤ人として暮したエピソードを紹介して、ユーゴの体制をナチス・ドイツに、そしてボスニアのムスリムやコソヴォのアルバニア人を迫害されたユダヤ人になぞらえ、「過ちを繰り返すな」の標語を頻繁に持ち出して、かれらを守るための武力コミットメントを擁護していた(28)。

他方、イギリスの外交評論家レナード（Mark Leonard）は、ボスニア、コソヴォ、マケドニアへの国連の対応を比較し、それぞれを「悠長で破滅的な対応、迅速かつ断固とした行動、事態が混沌を迎えるまえの介入」と評価したのちに、イギリス納税者に負わせたコストをボスニアで一五億ポンド、コソヴォで二億ポンド、マケドニアで一四〇〇万ポンドであったと試算している。レナードはその数字を根拠に、徐々に介入の効率が高まっていると論ずるのである(29)。このような介入の事後的な正当化をみると、かれらにとって介入する側の効率も正義の構成要素であり、迅速さという判断基準が「効果費用分析」というアングロ・サクソンの経済合理性に通じていることもよくわかる。

4　正しき介入から合法的な介入へ

これまでみてきたように、介入の正義の議論は、正義と呼ぶにはあまりにも多くの文化的、偶然的な要素に満たされていた。このブレを抑制し、さらに介入正当化の根拠が原則への事後的（ex post）ではなく事前の（ex ante）適合性で判断されるためには、合意された規則を成文化し、手続きが正当性を生み出す状態を整えることが課題となってくる。

これはまた、「為すべきことを為す」という正義の保証のために、「合意は拘束する」（pacta sund servanda）という正義の網をかぶせる作業であり、介入に立憲主義的な要素をつけ加える作業ともいうことができる。

国際社会は、この合法的な介入（bellum legale）の樹立に向けて一定の努力を払ってきた。いまだに「学説」の範囲を出るものではないが、これまで合意を得た内容についてつぎのように整理することが許されるだろう。(30)

介入への正義（jus ad bellum）

①「平和に対する脅威」と認定すべき深刻な人道的危機が存在する（事態の深刻さ）

②危機が生じている領土の責任政府が、それに有効に対処する能力も意思も持たないことが明らかである（対処責任者の不在）

③介入以外の（政治的、経済的、外交的）措置が効果的でないことが立証されている（最終手段）

④介入が、危機の打開や事態の改善に役立つとの見通しがある（有効性）

⑤国際連合安全保障理事会が介入の目的、時期、方法についての決定の責任を負う（正当な権

威）

介入時の正義（jus in bello）

①介入には数カ国の兵員が加わる（非単独性）

②用いられる軍事的手段が、時期、場所、兵器、戦略の面で目的に見合ったものである（釣り合い）

③非戦闘員が攻撃の対象からはずされているか、非戦闘員の犠牲が最少となるように配慮がなされている（選別性）

④介入時の人道に反する罪、戦時法違反について、それが介入側によるものでも処罰を免れないための体制が整っている（戦時法の遵守）

介入後の正義（jus post bellum）

①領土の範囲と一体性が保たれている（領土保全）

②抑圧政府、破綻政府の排除から正当政府の樹立までが、国際社会の支援によって速やかに行われる（秩序の回復）

③当該の介入についての総括的な報告書が安全保障理事会など然るべき機関に提出される（監視と評価）

た。

合法性と正当性のギャップ

右の内容が普遍的な承認を得られたとしても、なおそれをどのように法典化し、実践活動に適用するかという問題が残されている。その問題への解答を導く際に大きな障害となっているのは、介入の手続きの基準となるべき国際法が、冷戦終焉後の環境の変化に対応しきれていないことであった。

たとえば、国連憲章二条四項の武力行使禁止の原則は、国家を拘束することはできても、ソマリアのような破綻国家あるいはその内部部族、クメール・ルージュやタリバンのような下位集団を拘束することはできない。そもそも国家間の法として発展してきた国際法は、非西洋の「非国家的な主体」に適用されることを想定していないからである(31)。

国際法の解釈の混乱は、コソヴォやアフガニスタンへの介入において、介入した側は自らの正当性を主張しているのに対し、少なからぬ国際法学者が、現行の国際法による正当化には無理があると判断したことにも表れていた。

このような場合には、正当性や正義が、国際法が担保すべき合法性を「覆す論理」として機能することになる。つまり、介入の正当性と合法性のあいだには、架橋しがたいギャップが存在するのである。

国際法の不備に加えて、介入決定の「正しき権威」とみなされる国連（安保理）にも固有の問題がある。なるほど多国間主義を採用している国連は、文化横断的な合意を形成するのに近い立場にいる。しかし、現在の国家システムの正当性の根拠が主権国家の共存に置かれ、安保理の役割は主権国家のバランス維持にあるという発想が支配的である以上、やはり主権国政府の意図が重きをなしてしまうのである。デューク大学のブキャナン（Allen Buchanan）は、「安保理の決議」という要件が、いまや紛争地における基本的人権の擁護の第一の障害になったとまで述べている。[32]

しかしながら、介入の手続き的正義を樹立するのに、現行の国際法＝国連体制を無視するわけにはいかないだろう。そのように考えると、合法性の疑わしい介入が論争を引き起こし、論争が学説ないし新解釈を促し、それが最後に国際法の修正を導くというプロセスが機能するまで、介入の多くが「法‐外的措置」であり続け、事実上（de facto）の介入が国際法の欠陥を照らし出すという流れが続くかもしれない。

国際社会に突きつけられた難題

もっとも、国際社会は、国家主権の「絶対性」を見直すための努力を怠ってきたわけではなかった。この点で、国際法体系の変革に向けた序奏としてカナダ政府が主宰した「介入と国家主権に関する国際委員会」（ＩＣＩＳＳ）の議論とその報告書は、ひとつの方向性を示している。[33]

この報告書は、内政不干渉原則を根拠とする介入反対論への応答という意味合いを持ち、いよいよ矛盾が明らかとなった「主権の擁護」と「基本的人権の保護」という二つの原理の架橋を目指すものであった。

報告書では、虐殺の放置やネグレクトなど当該政府が国民の安全を守る意図や能力を持たない場合には、安全確保の責任は国際社会に移行し、国連が武力介入というオプションを除外すべきではない点が示唆されている。

この論理を推し進めてゆくと、主権国家のすべてが「自衛権」を主張し得るわけではなく、国民のはなはだしい危険を取り除くことのできない政府は、国際社会による武力行使に対して「応戦する権利」を失うことになる。つまり、主権は無条件に尊重される存在権ではなく、政治的権利であり、それを成り立たせているのは政治的徳目の尊重義務であるという新しい解釈が打ち出されているのである。

国際法上で主権との両立の問題がクリアーされ、安保理が「正しき権威」として介入の正義を担保できるように改革され、jus ad bellum が合法的に確保されたとしても、なお介入の正義にまつわる、技術的とはいえやっかいな問題がひとつ残されている。いま、冷戦後の介入を振り返ってみると、介入の正義のいまひとつの構成要素である jus in bello に定められた「正しき手段」の欠如や不足が、介入の合法化への大きな障害となっていることがわかる。

もとより、有効性が明らかではなく成功の見通しの立たない介入や、事態を悪化させる公算が高い介入は、善意によるものであっても不正義を招来する。その意味で明確な目的と適切な手段を得ておくことは、まさしく介入の正義の領域に属する。

その際に、民間人を犠牲にせずに軍事施設を空爆するには、相応の技術が必要である。介入側が犠牲を出さずに介入を実施するには、巡航ミサイルや対空砲火の及ばぬ高度からの空爆が条件となるだろう。

しかし実際上、介入の軍事的な手段はアメリカとＮＡＴＯ、やや程度の劣ったものとしてＥＵのみが保有するにすぎない。その意味で、一九九〇年代の介入の度重なる失敗の責任は、国際法の欠陥のみに帰せられるべきではなかろう。またコソヴォ空爆にさいしての中国大使館誤爆は、アメリカとＮＡＴＯでさえ、軍事行動を行うのに適切な情報、資源や戦略を持たなかったことを示していた。

手段の不足を解消することは、この不足が介入の恣意的選別性という問題を引き起こすだけに、なおさら重要かもしれない。つまり、同時に数件火事が起こった場合を想定し、消防車を複数確保しているような防火体制とは異なって、介入の資源や手段の多くは富裕国のありあわせにすぎない。当然、手段を相対的に多く提供できるアメリカが、人道的な危機にある場所の、どこに、いつ、どのように介入を行うか、つまり場所、時期、方法を選別するさいの発言権をより多く持つことになる。しかもアメリカがそのトリアージュを国益に照らして行えば、問題はよけいに複雑になる。

したがって、手段の整備は、「待機制度」の拡充とあわせて、介入の正義の確保のためにも緊急に取りかからねばならない課題であると思われる。

5　「無知のベール」再考――むすびにかえて

かつてロールズは、文化的な束縛から自由になることのできない人間、また地位の優位さに執着する人間を、正義の公準を導出するための対話から締め出した。自らを弱者に同化することのできない強者は、客観的視点を持たないがゆえに正義の対話に加わることができないとされている。いま、ロールズの掲げるこのような対話の作法に照らすと、介入の正義の議論に関して二つの点が明らかになる。

たとえば、フロリダ州立大学のテソン（Fernando R. Teson）は、ロールズのマクシミン・ルールを適用して人道的介入を正当化してみせた[34]。なるほど、コソヴォ問題解決のための人道的介入には、中国やインドなど国内に少数民族を抱える政府から強い異論が出た。しかしそれは、かれらが国家という個別的立場を離れることができなかったからである。そこでロールズ流の契約論を応用して、つぎのような思考実験を行ったらどうか。

すなわち、対話の主体としてグローバル市民を想定する。かれらは自身がどのような国家に所属しているのか知らない。そのような無知のベールに覆われた市民が規則の作成に参加すれば、かれらはみな、不偏的な立場から、自身が「一国の抑圧されるマイノリティー」の側に立たされるリスクに思いを致し、人道的介入に賛同するだろうと。

なるほど個人を国際的正義の契約ユニットとしてみるこの類推は、「第二の契約」の主体を個人ではなく国民とみたロールズの意図に忠実ではないものの、介入の正義を論ずる手続きについて有効な示唆を与えてくれる。この意味で、ロールズの手続きは、介入の正義を補強するかもしれない。
とはいえ、ロールズの無知のベールを、これとは逆に、過去の介入の偏向を暴く道具として用いることもできる。というのも、冷戦終焉後の事態の進展にともなう介入の正義の再定義は、圧倒的なパワーを誇るアメリカ、NATO、EU諸国が、非対称の優位性をもとに「カント的共同体」の正義を西洋外に伝道するというかたちで進めてきたからである。

このような介入主体国は、自身が「介入される惧れ」から解放され、この先もつねに「介入する側」に立つという確信を抱いている。つまり、介入の正義が自身に不利に作用する可能性は将来的にない。日本人が介入を論ずる場合も、自らが介入される側になろうとはだれも考えていない。
けれども、「介入する側」と「介入される側」がこのように固定され、前者が介入の悲惨さについて映像でしか触れることがないという状態は、やはり普遍的な正義、文化横断的な正義の導出のための、ロールズ的な意味においての理想的条件であるということができない。

それればかりか、「カント的共同体」は介入の際に自己の要員の犠牲を最少に抑えるすべを心得ている。無人爆撃機の開発に余念のないアメリカの介入が目指すのは、介入に際しての「アメリカ軍の犠牲者ゼロ」であり、実際にコソヴォへの介入において、爆撃を続けた二カ月間にユーゴスラヴィア軍に殺害された同盟軍の兵士はゼロであったといわれる。

これを介入される側からみれば、正しき介入とは、「カント的共同体」が安泰とセキュリティー、そして道義的満足を得るための警察行為と呼ぶべきものに等しい。とくに介入が国家主権に打撃を与え、国際法の主権尊重原則を掘り崩すとすれば、これまで主権平等により守られてきた多民族の小国は、介入の正義に脅威を感じざるを得ない。

したがって、これまでの介入は、テソンが提案する無知のベールの応用法の限界を示し、介入の正義は、それとは別の批判的レベルにおける無知のベールで検証されるべきである。

ノーベル文学賞を受賞したナイジェリアのショインカ（Wọlé Ṣóyinká）は、「アフリカ大陸から三千万人に及ぶ人間を引き離し、生産機械として文明に仕えさせるため」にヨーロッパ諸国が介入したこと（奴隷貿易）を犯罪として告発し、モーリタニア、セネガル、ブルンジ、ソマリアでの抗争や対立を理解するには、「未解決なままの介入の歴史を忘れてはならない」と述べた(35)。

ショインカは、介入が「是非」を超えて「現実」になりつつあるとしても、介入の方法については、その歴史や効果を「人類共同体のすべてのレベルでよく考えなければならない」と語っているのである。未解決な歴史、消し去りたい過去、あるいは地球的なパワーの偏在を「免罪する」手段として無知のベールを使うことのないよう自らを戒める、これが「カント的共同体」が介入の正義を論ずる正しい作法なのかもしれない。

第5章　民主主義と武力行使

——冷戦終焉後の展開とイラク戦争による「転回」

はじめに

民主主義の精神が開戦決定者へ浸透すれば、武力に訴える機会は減り、武力行使の様態が穏和になる。ルソーをはじめとする民衆体制のイデオローグたちは、このような期待を抱き続けてきた。そもそも民主主義とは、紛争解決の手段として「実力行使」より「話し合い」を選択し、また「権力政治」から「法治政治」への転換を促進するものだと考えられたからである。

そのような期待は、私戦と公戦の区別が定着して戦争が国家的な政策とみなされ、君主の領土拡張欲が戦争の主要な原因となった十八世紀にいよいよ高まった。啓蒙思想家ダミラヴィル（E. N. Damilaville）は、『百科全書』の「平和」の項目において、「理性が、そこに由来する支配力を国家元首のうえに効かせていたならば、かれらは、戦争という狂気に思慮もなく身を委ねることはなかっただろう」と述べている。(1)

戦争原因についてのこのような診断は、平和建設の第一歩が統治者の「理性化」であるという処方箋をもたらした。さらにそれは、君主ひとりの知恵ではなく、多数者の理性的な討論によって「開戦か否か」を決定すれば、戦争の総数を減らすことができるという確信に結びついていった。

民主主義が平和をもたらすことの実践的根拠

これを受けて、十八世紀末にカントは、開戦の決定を下すのが敗戦によってさほど失うものを持たない君主ではなく、戦費や軍役そのものを負担する国民でなければならないと説いた(2)。ここに、圧制の改革のみでなく、「戦争を廃絶するための」民主化というアイデアが生まれたのである。人びとは武力に訴えがちな君主や独裁者を非難する。しかし、カントに言わせれば、戦争の責任は、むしろ支配者の横暴を糾弾し、時には抵抗に訴えて君主に責任を負わせる途を目指さなかった国民の側にもある。この啓蒙の大家は、統治者が武力行使の説明責任を果たすようになれば、人類は国家間の戦争という自然状態を克服することができると考えた(3)。

このようにして、平和が共和的価値と不可分であり、国内の民主主義は国際的な法治主義を指向するという有名な「民主主義による平和」(democratic peace)が、カントによって明快に定式化されたのである。

さらに、第一次世界大戦のさなか、ドイツ、トルコ、ブルガリアなど「同盟国」側の指導者が部隊や国民を質草のように使っているとみたウィルソンは、カントの定式をよみがえらせた。民主国の安全保障の問題にカントの理念を応用しつつ、アメリカ民主主義が安泰であるためには世界が平和でなければならないと説いてゆく。

ウィルソンのみるところ、逆もまた真であり、世界が平和であるには、各国が民主的価値を奉じ、その民主国が「国際連盟」のかたちで連携しなければならないのである(4)。ウィルソンと彼に習った非戦主義者にとって、選挙的政府が軍事力をコントロールすれば、各国が干戈《かんか》を交える恐れがなくなることはほぼ確実であった。

第二次大戦もまた、この仮説の正しさを立証する結果となったことはいうまでもない。過去の戦争原因の統計的分析による裏づけを得て、「民主主義による平和」は、二十世紀後半に「民主国が民主国に戦争を仕掛けることはない」という学問理論に鍛えられてゆく。討論を経る民主国では、武力行使の決定には時間を要する。また民主国の開戦決定のプロセスについては、他国もその様子をうかがうことができる。

したがって、他国は奇襲を恐れる必要がなく、しかも、互いに戦争回避の政治・外交プロセスが始動するという期待を抱くことができる。[5] 戦争を抑制するためのこのような予期理論は、リベラルな先進国の多くで外交政策基礎づけのための理論としても採用された。

冷戦終焉後の十数年は、中東欧、ラテンアメリカ、アフリカの隅々まで民主化の波が到達したことにより、グローバルな「民主主義による平和」実現への機運が高まりをみせた。たとえばフロスト（Mervyn Frost）によれば、各国が道義心を殺して武力に訴えてまで国家的利益を追求すると解釈する「自然状態論」や現実主義は、冷戦終焉とともに妥当性を奪われている。

つまり、先進各国の国民や指導者は、戦争状態論やアナーキカル・モデルの呪縛を脱して、自国が「民主国に囲まれた一民主国である」という意識を持ち、正義にかなった対外政策を選択するよう誘導されるからである。[6]

民主国を取り巻く状況の変化

とはいえ、冷戦が終焉してから二〇年が経ち、安全保障の環境も変容を遂げており、「民主主義による平和」では説明のつかない現象が出現してきた。

かつて武力行使の大半が、国益や国家の一部階級利益のために企てられたのに対し、冷戦終焉後には、湾岸戦争のような違法国家に対する武力行使、民主諸国家が同盟を組んで実施する対テロの武力行使、あるいは内乱、内戦の犠牲者を減らすための人道的介入、さらに紛争後地域の文民活動を反乱分子から警護するための武力行使など、新しい形態の武力行使がみられるようなった。武力を行使するアクターが国家を超えた同盟、国家内部の民族、テロリストのような集団に変わってきているという事実、そして、武力行使の目的が国益や勝利より道義的なものに移行してきているという事実は、「民主主義による平和」の理論がなんらかの「新しい基礎づけ」や「サブ理論」を必要とすることを示している。

実際に、先進民主諸国に対し軍隊の役割を拡大解釈するきっかけを与えたコソヴォへの人道的介入、さらにアメリカ、イギリス、スペイン、オーストラリアなど民主国政府が反戦世論を顧みずに国際法上違法と思われる戦争や占領に手を染めた二〇〇三年のイラク戦争は、民主国と戦争とのかかわりについて再考する機会を与えた。

そこで本章の主題は、国間間戦争の危険が遠のき、民主主義の根本が変質してゆくなかで、武力行使と民主主義の間柄がどう変化したかを究明することにおかれる。第1節では、民主国が武力に訴える場合、国内にどのような議論が生まれ、どのような帰結がもたらされるかを考察したい。また第2節では、イラク戦争の際のアメリカ民主主義と武力行使の関係について検討する。

さらに第3節では、「民主主義による平和」のための武力行使というアイデアは妥当かどうか、そして第4節では、かりに人道的な干渉のための武力行使が是認されるとして、その際に民主主義の原則に背かないように武力を行使することができるかどうかを検討したい。

なお、ここでいう武力とは、自衛以外の目的、たとえばテロとの戦いで行使される武力をも含み、また人道的な任務のための武力や国際社会の脅威と認定されたものに対処するための武力をも含んでいる。「戦争」と「武力行使」の区別は、規模と目的の相違と考えられてきたが、今日では、かつて目的とはみなされなかった「体制変更」を促すための大規模な武力介入が企てられ、この区別は意味を失ってきている。

そこで本章では、より包括的な「武力行使」という概念を用いて論述を進めることとしたい。

1　民主国は武力行使に消極的か

民主主義は、武力行使に対して否定的ないし消極的な態度をとるか。民主主義概念の多様性とその実態の複雑さを考慮すると、この問いに答えることは容易ではない。

「民主主義による平和」では、民主国政府が「民主国を相手にした」武力行使を検討することはまれであると説かれる。ただしそれは、民主国政府が、非民主国やテロリストなどの非国家的な組織に対する武力行使にまで消極的であることを意味しない。

言い換えると、「民主主義による平和」の理論は、民主国が非民主的な国家に対しても武力行使を極力自制しようとする体制であるか否か、という問いに答えるものではなかった。

この疑問について、たとえばハルペリン（Morton H. Halperin）らによる『民主政治の強み』（*The Democracy Advantage*）は、統計的データをもとに、民主国が「だれに対しても」、つまり独裁国に対してさえ平和的につきあおうとする傾向がある点を指摘している。

過去に軍事衝突の原因をもたらした国家を体制別に整理すると、民主国が仕かけた事例は全体の五分の一程度にすぎない。むしろ「民主国は、戦闘の開始者ではなく犠牲者になる頻度が高い」のである。とはいえ、「民主諸国家は、かかわった紛争の実に七六％で勝利を収めて」おり、この数値は、民主国が独裁国による攻撃にも屈しないほど安全で持続可能な体制であることを物語っている(7)。

イラク戦争という試金石

しかしながらわれわれは、民主国と武力行使の関係を論ずるのに、もはやこのような単純な図式に頼るわけにはいかない。なぜならば、冷戦終焉からＮＡＴＯによるコソヴォ空爆へと至る過程で、民主国による他国への軍事的干渉が増大し、さらにまた、イラク攻撃・占領時に民主国相互あるいは民主国内部で武力行使の賛否をめぐって亀裂が生まれたからである。民主国がなるほど戦争一般に対して消極的な態度をとるとしても、「特定の戦争」については共通の態度を選択するわけではないことが明らかとなった。

理論的にみて、民主国政府が武力行使というオプションを躊躇するという仮説は、これまでそれなりの説得力を誇ってきた。民主国では人権の保障、定期的な選挙、政府批判の自由、政権の交代、そしてなによりも文民統制が確保され、反戦世論に意見表明の機会が与えられるからである。武力の対外的行使について説明責任を負う民主的政府は、反戦世論の矢面に立たされるか、あるいは世論の分裂を覚悟しなくてはならないので、参戦のモーメントには一定のブレーキがかかる(8)。たとえば二〇〇三年のイラク攻撃にさいして、民主化が軌道に乗りつつあるトルコの議会が、世論の分裂を危惧してアメリカ軍への発進基地提供の法案を不成立とした際にも、この力学が働いていた。

この点に関する興味深いデータが、各国千人以上を対象とした二〇〇〇年の意識調査結果『世界価値観調査』(*World Value Survey*)に示されている。「もし戦争が起こったら、国のために戦うか?」に対する答えとして、「いいえ」のパーセンテージが高かったのはスペイン(四九・五)、日本(四六・七)、ドイツ(四二・三)、低かったのは中国(三・一)、バングラディッシュ(三・七)、モロッコ(四・六)であった。

つまり、上位の民主国においては、防衛戦争にさえも否定的な態度をとる非戦主義者が四割を超えていた。さらにアメリカ（二五・五）、カナダ（三〇・八）でも、国民の四分の一程度は非戦主義者とみることができる。(9) 民主国であるならば、かれらの声を政府や議会に過不足なく代表させる仕組みが確保されている。

この立場は、「暴力が問題を解決することは決してない」という経験に由来している。戦争報道が伝える犠牲者、負傷した老人や子供、飢えに苦しむ市民、焼かれた都市、破壊された病院や公共施設を根拠に「暴力は暴力の連鎖を生む」という命題を導き出し、そこから武力行使は得られる善以上の悪をもたらすと結論するのだ。

このような反戦キャンペーンが世論の一定部分の共感を呼ぶことは疑いない。シュレーダー首相（当時）率いるドイツ社会民主党が、イラク攻撃反対世論を追い風にして不利を挽回し、二〇〇二年九月の総選挙で勝利を収めたことは記憶に新しい。

セキュリティーによる民主主義の停止

とはいえ、このことは、国益より上位の目的と思われる「国際社会の平和と安定」のための武力行使にまで、民主国の世論全体が消極的になることを意味しない。

たとえば『軍事社会学』（*Sociologie Militaire*）の著者のひとりヴェネッソン（Pascal Vennesson）は、大国相互の協調や先進民主国相互の緊張緩和により軍隊の存在意義が薄れたことから、軍隊の活路を見出すべくその役割を拡大解釈してゆく論調が民主国に出現した点を指摘している。二〇〇二年に行われたドイツの若者への意識調査では、部隊の海外展開に肯定的で、「介入が軍隊の通常業務である」とみるものが九一％に達しているのである。(10)

この点でブッシュ・ドクトリンやイラク戦争は、民主国の武力行使に対する態度を測る試金石となった。イラク攻撃・占領の際には、アメリカ、イギリス、スペイン、イタリアなどの民主国「政府」が、国際法上違法な武力行使に訴えるか、またはそれを支持したのである。これらは民主国であり、国内で反戦世論が相応の盛り上がりをみせた。にもかかわらず、政府は最終的に派兵の道を選択し、しかもこれらの国々は、その決定とそれにともなう国内的な混乱により、多かれ少なかれ民主主義のレベルの低下（後述）を経験した。

もちろん、これらの派兵や部隊展開を、ブッシュ、ブレア、アスナール、ベルルスコーニが国民の意思をかえりみずになした背信行為とみる者もいる。しかしながら、それらを指導者の単独プレーとして片づけるべきでないことは、以下の数値が明らかにしている。

Ipsos MORI の世論調査によると、一九九七年五月にブレア政権が誕生してから二〇〇七年五月にブレアが退陣を表明するまで、首相支持率は七〇％台から二〇％台までゆるやかに下降したが、例外的に二〇〇一年一〇月のアフガニスタン空爆と二〇〇三年三月のイラク開戦時には、いずれも直前より二〇％近く支持率が上向いているのである。(11) このことは、イギリスのような民主国でさえも、武力行使は指導者の行動力を宣伝する場となり、また支持率を回復させる手段となっていることを物語る。

イラク戦争へと至る過程で、イギリス、スペイン、イタリア、オーストラリア、日本の政治が浮き彫りにしたのは、民主国もまた、リベラルで法治主義的な政治と、セキュリティーや決断を重んずる「例外状況」の政治との微妙なバランスと攻防の上に成り立っているという事実であった(12)。

「国家理性論」の伝統が示唆しているように、セキュリティーの政治は、対話、妥協、法治などの民主主義の政治を沈黙させる効果を持つことが多い。民主主義が「生存以上のなにか」を目指すのに対して、セキュリティーの政治は、脅威認識をバネにした「生き残り」の論理で、話し合いより即時の決断を、また慎重より行動を奨励し、さらに情報の公開より機密性を、個人の自由より集団の生存を優先するからである(13)。

もちろん、右の例に示されているように、これらの国々によるセキュリティー優先の背景には、世論の少なからぬ支持があった。しかし、9・11事件の衝撃やアメリカとの同盟関係、そしてブレア、アスナール、ベルルスコーニ、小泉という個人的モーメントによって両者のバランスが逆転し、世論の紛糾のなかでセキュリティーの政治がリベラルかつ民主的な政治をオーバーウェイトしたとみることができる(14)。

このことは各国の対外的なスタンスにも影響を及ぼした。他国との協調、手続きの重視、国連や国際法の尊重といった多国間民主主義が、「生き残り」のロジックからアメリカとの同盟関係のみを優先して国際法を軽視するような論調に、道を譲ったのである。

2　民主国アメリカによる武力行使

もとより、セキュリタリアンとリバタリアンの主張は、必ずしもベクトルが異なるというわけではない。たとえば、集団の秩序と安定がなければ個人的自由を開花させることができないという意味で、セキュリティーの政治は民主主義の存立条件である。さらに、テロを黙認するならば内外の法治主義の全体が動揺するという意味では、テロとの戦いは法治国家の根幹にかかわる問題である。

それでは、本来は両立するはずの民主的な政治とセキュリティーの政治のバランスは、どのようにして損なわれたのだろうか。

民主国を守るための武力行使

「例外状況」もまた民主的コントロールに服さなければならないと説くイグナティエフ（Michael Ignatieff）は、『よりましな悪』（*The Lesser Evil*）で、この点についてつぎのように分析している。

民主国はこれまで、戦時に政府が秘匿や密約を行う際にも、ことの重要性にかんがみて司法が情報の機密性や尋問の非公開を事前に認定するか、あるいは事後に追認するなどそれなりの民主的コントロールを効かせてきた。しかし、テロとの戦いにおける司法の許諾なき逮捕、拘束、拘禁、拘留は、民主主義の最後の砦を奪ってしまった(15)。

「安全と自由の正しい均衡を保つことはできない」ものとしてイグナティエフがあげるのは、外国人の権利を脅かし、逮捕状なき拘禁を可能にし、通信の傍受や盗聴を正当化したアメリカの「パトリオット・アクト」と、具体的な容疑を示さずとも警察が被疑者を拘束できるイギリスの「対テロ取締り強化策」である。これらは、「法治国家」を部分的に停止させ、非常事態の論理で民主主義の諸原則をいったん沈黙させた。

そればかりではない。アメリカがキューバに保有するグアンタナモ基地では、司法判断を無視して「拘留者」と「戦時捕虜」が都合次第で使い分けられている。他方、占領地イラクでは拘留者への虐待が日常的に行われ、国際法の軽視と基本的人権の蹂躙は明らかであった。これらは、民主主義や法治主義と両立するはずのセキュリティーの政治が「生き残り」のロジックで一人歩きしていることを示している。

フランスの法社会学者ガラポン（Antoine Garapon）は、アメリカとヨーロッパ大陸のテロに対する戦い方を対照させて興味深い指摘を行っている。法の支配が民主主義の根幹であるアメリカは、政府の横暴から個人の権利を守ることのみに熱心で、立法が政府に合法性を与えつつ、政府の行為を枠づけるという考え方が希薄であった。

そのため、テロリズムに直面すると、「例外状況」の論理が突出し、大統領の権限の強大さとも相まって行政府の専横や独走を許してしまう。(16)それを監視する唯一の効果的方法としては、議会による予算コントロールがあるのみである。

さらにいえば、大陸ヨーロッパ各国でテロは国内問題として処理されることが多く、警察、司法ないし秘密警察が多国間協力によって情報収集と捜査にあたる。しかしながら、世界の隅々にまで武力と経済力を展開する帝国アメリカにとって、いやその世界的プレゼンス自体がテロの標的となっているアメリカにとって、テロリズムは国内問題というより国外問題であり、その対処も大統領が国防・安全保障政策としてとり仕切るものとなった。

武力介入を促す民主的文化

このような体制変調の背景に、アメリカ特有の民主主義文化の存在を認めることもできる。一般にリベラルな政治は、「可謬性」に基づく「寛容」を最大価値とみなすとき、国内的にも対外的にも健全に稼動する。しかるに、アメリカ人には「民主主義最進国」というプライドがあるため、自国の国防・安全保障政策には「善意」(benignity) の度合いがいっそう強いという信念を抱くのである。

冷戦終焉後のアメリカでは、対ソ冷戦勝利に自信を得て、「慈悲深い」(benevolent)「想いやりのある」(compassionate) といった自画像が氾濫し、それはアメリカの対外政策が民主国政府の所為であるがゆえに「誤らない」という自己確信をもたらした。「善意の帝国」を攻撃するものは「悪」であるという正義の自己主体化も、このような確信に由来するものといえる。(17)

しかも、ワシントン政府高官の解釈では、武力行使について説明責任を負う相手はアメリカの納税者、また大統領を民主的に選出したアメリカ有権者であって、必ずしも民主的とはいえない国々が多数含まれている国連や安全保障理事会ではなかった。

つまり、国際社会全体がステークホルダーとなり得るような国防政策であっても、国民の支持さえ失われなければアメリカ政策担当者はそれが「正しい」という確信を抱き続けることができる。このようにして、「アメリカの民主的価値と生活様式を守る戦い」としての対テロ戦争を、単独で、あるいは世界中を巻き込むかたちで展開することが正当化された(18)。

『孤独なアメリカ』(*America Alone*) を著したハーパー (Stefan Halper) とクラーク (Jonathan Clarke) は、新保守主義者など一部の政策助言者の扇動的言説を吟味なく受け容れてしまったアメリカを、自己充足的な政治文化に伏在する問題という視点から分析している。

かれらによると、違法かつ効果の疑わしい武力行使を選択した責任は、政治家、ジャーナリスト、研究者などアメリカ民主主義のリーダーのほぼすべてが負うべきものであった。すなわち、政治家は最新の世論調査に過敏であり、ジャーナリストは情報源を明かせるものしか発信できず、ニュース番組のアンカーは有名人ゲストの機嫌を損ねないように質問内容を予告する。

一方、学者は連邦政府や財団から資金を得るためにさしさわりのあることを口にせず、シンクタンクは党派色のついた資金を当てにしている。このようにして、「イラクでは大量破壊兵器が製造・貯蔵され、フセインはアルカイダのスポンサーである」とする「疑惑」は、そのまま世論のほとんどが信ずる「確証」に高まったのである(19)。

さらにハーパーとクラークは、テロの「恐怖」を制御できず、科学的検証にこたえられない新保守主義者の主張を鵜呑みにしたアメリカ民主主義を、国民の「無知」という観点からも分析している。

しかもここでいう無知とは、情報に疎いという意味での無知ではなく、「フォックス・ニュース」に釘づけになることで視野が狭まり、ほかの情報に眼を向けなくなるという新しいタイプの無知、つまり情報の自由流通ゆえの無知であった。しかも視野狭窄におちいる当人は、自ら正しい情報を「選んだ」という錯覚さえ持っているのである。このようにして、民主主義に伏在するさまざまな問題点が、9・11事件以降のアメリカの対応から浮き彫りになった。

しかしながら、アメリカの愛国者が弁ずるように、長期的にみてアメリカ民主主義が「誤りを自ら正す」可能性を、また対話によって異論が正論に代わり得る可能性を最も多く持つ体制だとすれば、拙速な武力行使の責任を追及し、その再発を防ぐ仕組みをつくる可能性もまた、アメリカはほかの体制より多く持つというべきかもしれない。

先行きの見えないイラク占領は、三千億ドルに達する負担やツケとなってアメリカ納税者に跳ね返った。カントが述べているように、共和的体制では実際に戦費を負担する人びとが戦争批判の声をあげる。カントのこの指摘がアメリカ民主主義にも妥当するかどうかを、今後数年間のオバマ政権下のアメリカ政治が示すことになろう。

3 「民主主義による平和」のための武力行使

なぜ民主国は、他国が民主国であるように望むのか。アメリカはなぜ、武力に訴えてでも「民主主義による平和」を実現しようとするのだろうか。「民主主義の促進と経済の開放こそ、国内の安定と国際秩序の最善の基盤である」というアメリカの外交・安全保障ディスコースを解剖すると、他地域の民主化支援は、9・11事件以後あらたに、「冷戦終焉後のアメリカの帝国的使命」と「対テロ安全保障」という二つの大義によって正当化されていたことがわかる。

民主主義のための介入の正当化

まずアメリカは、「自由の原則と自由社会の価値への信念に支えられた」国である。しかしその自由は、「戦争とテロによって脅かされてきた」。したがって、幸いにも軍事、経済、文化、科学技術でリーダーとしての地位を得ることのできたアメリカは、「各大陸の自由で開かれた社会を激励することで、平和を広げてゆく」使命を帯びている。そのため、「国民のために自由の恩恵を探し求めつつ良い未来を築こうと決意した国家を、アメリカは支援する」のである。[20]

他方、アメリカの民主化支援は、アメリカやその同盟国を脅かすテロリストがもっぱら中東の非民主国からリクルートされる、という分析にも基づいている。ハルペリンは、一九九〇年代に二万人がアルカイダのキャンプで訓練を受け、かれらのほとんどがイスラムの独裁国もしくは宗教権威主義国の出身であったことを根拠に、「独裁国は民主国より、紛争当事者となり攻撃を仕掛ける側になる可能性が高い点を示すばかりでなく、今日の組織的暴力の最も悪辣な形態である超国家的テロリズムの多産な土壌となっている」と断定する。[21]

もちろん、民主化のみを大義に掲げた武力行使は、まだ行われていない。現行の国際法に照らして、その種の論理のみで武力介入を開始することは不可能だろう。しかし、当初「自衛」の名目で行われたＮＡＴＯによるタリバン勢力への空爆は、是非論争の過程でその大義が「テロリストの処罰」（bringing justice）にシフトし、最後はタリバン政権に抑圧されている人びとに「法の支配、国家権力の制限、女性の尊重、私有財産権、言論の自由、公正、宗教的寛容」をもたらすことに変わった。[22] アメリカは、テロリストの掃討作戦を、「自由の恩恵を地球の隅々にまで広げてゆくまたとない機会」ととらえなおしたのである。[23]

イラク攻撃の際に、ブッシュ大統領、チェイニー副大統領、テネットＣＩＡ長官、ブレア・イギリス首相などの開戦決定者が、民主化を参戦理由の前面に掲げたわけではない。しかし、やはりそこには、たとえ大量破壊兵器の製造・貯蔵の証拠が不十分で、武力介入に正当性が乏しくとも、中東地域に民主主義を教え、それに基づく平和や安定をもたらすという「善」によって、そのような不足は「事後的に」（ex post）正当化できるという見通しがあった。

実際に、もしイラク復興や民主化が所期の成果を収めていれば、アメリカ、イギリスの「違法な武力行使」に対する内外からの批判は、いまほど激しいものでなかったかもしれない。

民主化強行の陥穽

なるほど、アフリカ大陸や中東地域に平和と安定をもたらし、それらの地域の人びとを貧困から救出するための手立てのひとつが民主化である点は、国際的に了解されている。国連の政策サークルにもまた、ネオリベラルな経済体制への移行をともなう民主化は、紛争の究極的な解決方法になり得るであろうというアプローチがあった(24)。

たとえば、『人間の安全保障の現在』(*Human Security Now*)においても、人間の安全をもたらす政治的基盤として、市民のエンパワーメント、市民社会の強化、法の支配の枠組みの樹立、政治・司法改革への着手、情報へのアクセス促進などがあげられ、その目標が西洋民主主義にならった「強い国家」をつくることに設定されている(25)。その限りでは、アメリカの目指す民主化と、人間の安全保障でいわれる平和構築のための民主化が無縁というわけではない。

しかしながら、テロリストへの報復に相乗りするかたちの民主化と、人間の安全保障のための民主化は、おのずと目的を異にするものであると言わざるを得ない。すなわち、テロとの戦いは、テロリストの拠点を空爆し、資金提供や政治的、軍事的支援を断ち切り、危険人物を特定して拘留することに主眼が置かれるなど、短期的かつ強制的な戦略を中軸としている。

これに対し人間の安全保障に配慮した民主化は、治安の確保や経済インフラの整備はいうまでもなく、不平等、排除、疎外、弾圧などを取り除くための、人間開発や教育改革を含むきわめて長期的な取り組みを必要としている[26]。アメリカによる民主化計画の行詰りは、この二つのコンセプトの乖離を明確に示しているといってよい。

つまりアメリカの開戦決定者は、武力によりフセイン一派を追放することが、すなわちテロリスト掃討作戦の大半であるとみなし、民主化のための最大の作業であると考えた。アメリカ軍が歓喜をもって迎えられ、イラク人民が民主主義の旗のもとに結集して市場経済を学び、石油資源の活用を民主的に決定し、中東唯一の民主国家イスラエルと手を携えて対テロ戦争のフロントキャンプを形成する。それは、将来的にシリアやイランを巻き込むと期待された[27]。

しかし、いまやアメリカ納税者への膨大な負担とアメリカ兵の多大な犠牲抜きにそれが達成できないことは明白である。しかも、アメリカが中東民主化の担い手たらんとするならば、イスラエル－パレスチナ紛争におけるアメリカのスタンスが見直されなければならないことも明らかである。くわえて、治安状況が改善され、選挙政治が軌道に乗ったとしても、イスラム・ポピュリストが議会を砦として反アメリカ、反イスラエル的な政策を指向する恐れもあり、それは周辺国との緊張のみならず、九〇年代アルジェリアと類似した政変や内乱、現下のトルコと類似した民衆と世俗主義的軍部との対立を生むかもしれない。

アメリカのイラク攻撃による中東民主化というプログラムは、目的と手段の適合性という観点から見ても、かくも多くの矛盾を内包していたのである。

民主化の難航が明らかにしたもの

アメリカの民主化支援はひとまず措くとして、イラク占領はまた、民主化の強行と支援にまつわるいまひとつの課題を明るみに出した。それはつまり、中東地域では、民主化の前提となる治安や秩序、国境警備など総合的セキュリティーの達成がいかに困難かという問題である。

圧制を取り除き、紛争を終息させて、抵抗が止んでも、「犯罪率の増加、報復のための暗殺、立場を変えての民族浄化が人びとの安全を脅かす。警察当局や軍隊部門でさえ、人権を守るより侵害する側に回ることもしばしばである。そのうえ、家族や地域社会が分断されているときには、個人間でとくにジェンダーに起因した暴力が増加する(28)」。

とくに、民主主義の必要条件である国民に信頼される警察、捜査の実行の裏付けのある刑法制度、近隣国と手を携えての国境の警備を、協業の経験のない分断民族が自力で調達することは容易ではない。

言い換えると、アメリカによる占領が所期の効果をあげると期待することは難しいが、逆に、文民統制という観念の乏しい権威主義国が、国内の治安部隊のみに頼って、つまり国外からの武力や警察組織抜きで民主国に移行し得ると考えることにも同様に無理がある。一九三〇年代の日本とドイツの軍国主義が、内部的力のみで速やかに民主主義に移行できたと考えることが非現実的であるのと同様だ。

現下のイラクについて言えば、アメリカ軍の駐留や増派はそれ自体「正当性が欠如している」ゆえに混乱の原因となり続けるが、他方で、アメリカ軍よりも正当性を多く持ち、アメリカ軍をより効果的に代替する部隊が現地におもむかない限り、撤退がさらなる混乱をもたらすことは明らかだ。

したがってここでは、「民主化と治安維持のトレードオフ関係」という認識から、治安確保や騒乱防止に長けたイラク旧体制指導者や元バース党幹部などをガバナンスに復帰させるという妥協も必要かもしれない。それは、統治の実質を確保するために、民主化要求を一歩後退させることを意味している。

いずれにしても、体制変更のための干渉は、民主的憲法制定や自由選挙に基づく「制度的民主主義」が権威主義より良いという単純な比較を根拠にするのではなく、民主主義の実質が旧体制の実質に勝り、また現地の人びとがそれをはっきりと「よりましな」体制として認証するという見通しのもとに行われなくてはならない。イラクにおける民主化の難航がもたらした教訓を要約すれば、このようになるだろう。

とくに民族・宗派の境界と国家の境界が乖離し、国家が複数の民族に分断されている場合には、多数民族の横暴を生みやすい多数決民主主義はいうまでもなく、「連邦型民主主義」もしくは「多極共存型民主主義」とて、分裂を持続させガバナンスに必要な公的アリーナを掘り崩すという意味で、万能ではない。ホロウィッツ（Donald L. Horowitz）が言うように[(29)]、分断が固定された社会に「一からの再スタート」という考え方はありえないからである。

今後、「民主主義による平和」の強制が日程に上るとしても、少なくとも当該地域にともに民主主義を担い得る勢力があり、また可能ならば民主主義の経験や記憶があること、そして周辺国を巻き込むかたちでの国境管理が可能であり、さらに、文民組織のみで復興支援活動が行えるようになるまで国外の部隊ないし警察の強力が得られること、これらの見通しを介入側が「国際社会に示せること」が条件に加わるだろう。

かさねて、干渉する側が軍事施設のみを精密に空爆できる技術を手にしたとしても、誤爆あるいは掃討作戦により、また相手側の抵抗、報復テロ、騒乱により、生活基盤やライフラインが破壊される。体制変更後にそれらを淀みなく供給できる人的、財政的な見通しが立たなければ、解放された人びとがたとえ「自由に意見を言える」ようになったとしても、事態が改良されたと考えるには至らない。それらの見通しが得られないあいだは、国際社会の平和と安定に対する脅威の除去にとどめるべきであり、体制の全面的変更を求めるべきではないだろう。

言いかえると、フセイン治下イラクの場合のように、国際的安全への脅威に対する強制措置の延長線上で一国の民主化が課題となる場合でも、強制外交あるいはイデオロギー的、道義的な説得、さらにはEUが対トルコで試みたような経済的取引、武器供与と引換えの民主化コンディショナリティーなど、まず武力介入以外の十全な取り組みが先行すべきである。

なお武力介入がオプションに上るとしても、民主化の強制は「途方もない企て」であり、武力は民主化のための最低限度の役割しか果たし得ない、という点を十分に認識したうえで検討すべきだろう。

4　武力行使の民主的正当性

民主主義を、対話や妥協によって衝突を回避し、力ではなく法に則って政治を司る非暴力的な体制だと解するならば、それは非戦主義と親和性を持つ。実際に、非戦主義は第二次大戦後の植民地独立運動や一九八〇年代後半から九〇年代初頭にかけての東欧革命における体制変更、近年では二〇〇三年のグルジアの政変においても、「暴力の連鎖を断ち切る」という点で大いに有効であることを示し、各地域の民主化にも多大な貢献をなした。

安保・防衛から警察行為へ

しかしながら、武力行使の性格は、国家などの領土的ユニットが勝利を目的としてほかのユニットに対して企てるものから、国際社会や国連が国連憲章7章に基づく強制措置として、いわば擬似国際公的に実施するものへと変化してきた(30)。

このように、武力行使のアクターや目的が多様化しているときに、民主主義がいかなる武力行使をも許容しないと考えるのであれば、さしせまった国際的脅威に対しどのように対処するかという実践的な問題への解答は得られない。

したがってわれわれは、武力行使にも民主的なそれと非民主的なそれがあるという仮定に立って、「民主主義がどのような条件のもとでなら武力行使を容認するか」という角度からこの問題にアプローチするよう、求められている。

国家もしくは国家内勢力が人道に反する罪を犯し、新たに大量破壊兵器の製造や流通を企てるなど国際的な平和や安定にとっての真の脅威となる場合、これを取り除く最終手段としての武力は、各国の民主主義を守るためにも、さらに国際社会に民主的諸原則を徹底させるためにも確保されなければならない。

もとより、警察による物理的強制力の行使が民主主義と両立を果たすのと同様、国際法秩序や国際安全保障を回復するための武力行使も、国際社会全体の利益とただちに抵触するというわけではない。したがって、民主的な武力行使という問題は、公共財としての治安や安全を守るための警察行為という問題と類似してくるかもしれない。

警察行為としての物理的強制力を想定すると、その行使の回数を最低限に抑え、その濫用や誤用を阻止し、それを民主的にコントロールするには、だれがどのレベルで役割を果たせばよいのか。この問題の解答への手がかりを探し求めるべきは、「正戦論」（Just War theory）の伝統だろう。

すなわち、悪に対処する場合でも、武力による対処は最終手段とみなすべきであり（jus ad bellum）、なお、より少ない武力でもって対処し、その際に「悪を犯す相手もまた人間である」という点を忘れてはならない（jus in bello）。それはたとえば、武装強盗団とわたりあう際に、警察官や機動隊がより危害を加えないような武器の選択とその使用を義務づけられ、あらかじめ警告や威嚇射撃というステップを要求されるようなものである(31)。

民主的な合法性

民主主義が法に従った政治であるならば、国際社会による強制措置としての武力行使も、既存の法に則したものであるか、新たな立法行為に基づくものでなければならない。国際法の整備が遅れるなかで、自衛以外の武力行使を正当と呼びうるためには、少なくとも国連による国際公的な授権を得ていることが条件となろう。

民主国がかたちづくる国際社会および多国間民主主義を理想とする国連にあっては、武力行使を唯一正当化できるものは、正戦論でいわれる「正当な権威者」である安保理の決定にほかならないからである。

また、「武力行使を含むあらゆる措置をとり得る」という文言で語られる軍事的強制措置の決定が、不十分とはいえ多様な文化や文明を代表する安保理内で民主的に行われることも、国際公共的な武力行使の要件のひとつに数えることができる。

二〇〇三年二月にイラクへの武力攻撃を可能とする決議案を提出したのはアメリカ、イギリス、スペインであったが、採択が困難とみたアメリカは決議案を撤回し、多数の支持ではなく有志連合(Coalition of the Willing)という迂回路を選択した。この意味で、イラク攻撃の決定は、民主国が共同で行った決定ではあるが、多国間において民主的かつ正当たらんとする国連の権威を貶めるものであった。

もとより、国内での警察の出動の多くが非常事態でないのと同様、国際社会による武力行使も、シュミット（Carl Schmitt）のいう「例外状況」としてではなく、可能な限り公共性の証としての法にかなったかたちで実施されることが望まれる。しかし実際には、冷戦終焉後、むしろ正当性をふりかざす介入主体国が、国際法の主権平等、内政不干渉などの合法性を「くつがえす」かたちで介入を行ってきた。

なるほど、国内の人びとの安全に関する国際法体系の立ち遅れには、おおいがたいものがある。とはいえ、このように「例外状況」の論理を持ち出せば、国内で「戒厳令」「大統領大権」などが民主的措置の停止を意味するように、軍事的措置の濫用という民主主義の精神からの逸脱は避けられない。

さらにいえば、国内とは比べものにならないほどの文化的、宗教的、イデオロギー的な多元性を内包する国際社会において、介入は能う限り「非単独」で実施されねばならないだろう。しかも、部隊を展開する民主各国には、文民統制を活かして自国兵士の国外活動についてモラル面も含め監視する義務が課される。

多国籍軍や平和維持軍とはいっても母体となる派遣国があり、かれらの活動費の大半は派遣国が負担するわけであるから、税金の使途という点からの議会コントロールも効果をあげるはずである。

また、警察官の不法行為が責任追及と賠償請求を免れないのと同様、現地で介入要員が犯す不正についても、より厳しく追及する仕組みが必要かもしれない。

民主諸国家による民主的連携

いま、国際公共的な警察行為と多国間による民主主義との両立をはかる際の最大の課題とみなされているのが、介入手段（jus in bello）の寡占状態の改善である。実際に、警察的かつ正当な武力行使に物理的な貢献をなし得る主体は、一部国家に限られている。

介入の軍事的な手段はアメリカ、カナダ、ＮＡＴＯ、やや程度や技術の劣ったものとしてＥＵなどが保有するにすぎない。つまり、国際公共的な警察行為とはいっても、その実質的な担い手が国際社会を歪んだかたちでしか代表していないことは、明らかだ。

殺人や強盗の多発を想定して要員や装備を展開する国内警察とは異なって、介入の手段は富裕国のありあわせにすぎず、そのため、手段を圧倒的に多く持つアメリカが、どこに強制措置を施すかを「選択する」ことができる。

そのような問題を克服し、多元的な国際社会における擬似警察行為の非単独性を確保するためにも、それを可能にする主要国のいっそうの理解や協力が不可欠である。

また、アフリカ連合（African Union）などの地域により密着した機構が独自のＰＫＯ能力を強化することも、平和活動のための武力行使における民主的正当性の向上に結びつくかもしれない。

最後に、正当な強制措置とはいえ破壊と犠牲が避けられない以上、国際社会や介入した側が責任をもってそれらの修復に当たるという保証もまた必要だろう。[32] したがって、民主的な手段の問題は、擬似警察行為によって生じた損害の「回復」としての介入後の正義（jus post bellum）とも不可分である。

介入を受けた国の領土の保全、破綻政府の除去から正当政府の樹立までの国際社会による支援、戦犯法廷を通じての正義の回復を欠いては、持続可能な民主主義はもとより、「介入前よりましな状態」を達成することができないからである。

いずれにしても、国際社会の平和や安全に対するさし迫った脅威を取り除くには、民主諸国家が、国際法ないしその精神をもとに多国間の協力を進めてゆく以外に民主的と呼べる方法はあるまい。ここでの民主主義とは、それらが繰り広げられる場である国連の公的権威を尊重し、それを高めるように行動することをも意味する。

国際法学者ロバーツ（Adam Roberts）によれば、テロとの戦いとて、その主要な部分は情報収集と諜報活動であり、各国の警察との連携、容疑者の特定と捜索、訴追のための証拠なしに有効な対策は打てない。しかもこれらは、一国ないし有志連合のみではなく、民主国の市民による捜査への協力を得ることではじめて実効が確保される。[33]

9・11事件からアフガン空爆を経てイラク戦争・占領に至る過程で得られた教訓とは、グローバル化した世界における民主主義への脅威に対処する際の、「民主諸国民による民主的な連携」の測りしれない重要性だったとはいえまいか。

付　記

本章は、二〇〇五年度日本政治学会大会（明治大学）のラウンドテーブル「イラク戦争の政治学」で行った報告に加筆、修正をほどこしたものである。討論に参加された田中明彦、恒川惠市、中西寛、池内恵の各氏からは有益なコメントをお寄せいただいた。記して感謝を申し述べたい。

第6章　グローバルな社会正義の思想

はじめに

グローバル化により異なった文化的背景を持つ者同士の接触機会が増し、その効果のひとつとして文化や文明のあいだで摩擦が生まれている。また、われわれがいまだ文化横断的な共存倫理を定立するには至らないため、たとえばグローバルな経済秩序問題への対処においても、国家間や文明間で足並みの乱れが生じている。

各国の代表が通商ルールをつくるためのテーブルについたとしても、自由とはなにか、公正とはなにかについての共通の認識を持たずして、多国間の自由で公正な貿易について合意するのは難しいだろう。また、北の国々と南の国々が人権や平等、「豊かさ」についての基準を共有することなしに、貧困や飢餓を救済するためのレジームを構築するのは容易でない。

さらに、グローバル・イシューズに取り組む場合にも、テロ、気候変動、飢餓と貧困、食糧価格の高騰、金融危機といった問題に、各国や各国民が独自の正義観からバラバラに対処していては、有効な解決をもたらすことはできないのである。

このように、グローバル化や経済的相互依存の深化は、国際社会に「倫理や規範の共有」という重い課題を与えた。とくにスタートラインの不平等、過程の不公正、結果の不公平を含むことが明らかなこの体制における、いわば特権的受益者である先進国に暮らす人びとにとって、より正しさをともなった新秩序の模索は責務だといえるかもしれない。

本章では、今日の重要な地球的課題のうち、とりわけ「正‐不正」という観点からのアプローチが求められている地球的な格差の問題に対して、はたして伝統的な社会正義の概念を適用することができるのか、できるとすればどう適用したらよいのかを検討したい(1)。

1　格差を責任と義務で語るには

理論的にみて、正‐不正という概念は、地球的な格差の問題を考える際に有効なのか。もし有効だとすれば、そこにどのような正義概念が適用されるべきか。また、飢餓や貧困が、国際社会で犯された「不正」の結果だとすれば、いったい「だれの」「だれに対する」不正なのか。あるいは、国際社会がどのような行為を奨励し、禁止することによって、不平等の問題が解決するのだろうか。これらは、富の偏在やグローバルな格差を論ずる際の基点となるべき問いである。

というのも、国家であれ、人間や企業であれ、不平等の発生あるいは貧困の悪化に「加担したエージェント」、途上国の人びとの「苦境を増加させる可能性の高いエージェント」が特定され、かれらにその種の行動を止めさせて、行動の改善を促すことができるならば、不平等問題に改善がもたらされる可能性が高いからだ。ここには、修復的（restitutive）ないし回復的（restorative）な正義を適用することができる。

しかるに、不正に手を染めているだろうエージェントのリストをつくることは難しい作業ではないように思われる(2)。たとえば、途上国の人びとの日常生活に溶け込んでいる多国籍企業、金融資本、商社といったエージェントのなかには、国際経済法や国内法へのコンプライアンスを無視し、また現地住民の福利を犠牲にして過度な利潤追求に走る者があった。追及すべき候補として、まずかれらの名があがるだろう。

さらに、先進国企業や金融資本との関係を深める途上国政府のエリートたちには、資源や労働力をめぐる交渉で、自国の困窮者の福利を顧みることなく、内外のクライアントの利益を優先する者もいた。また、とくに貧困層の窮状を放置して、富裕な支配階層のみを潤すような社会政策を施行する途上国エリートもいる。

かれらの倫理意識を高め、行動を改めさせるためにモニターを強化し、国内ないし国外の規則を強化すれば、現地の弱者の境遇改善にも役立つはずである。少なくとも、この作業によって、天然資源埋蔵の地理的な偏り、また資源へのアクセスの不平等以外の貧困の要因を取り除くことができ、国内的な不平等に起因する貧困を減らすことができると考えられる。

エージェント追及の限界

しかしながら、不正行為者を特定し、その行動を改めさせようとするこのアプローチが、逆に貧困や飢餓への関与が疑われる多くのエージェントを免責してしまう恐れもある。なぜならば、責任者を追及し、かれらに補償を行わせるためには、厳格な法的プロセスによる論証が必要となるからだ。

たとえば、一般的な責任概念では、「不当に権限を奪われた側」が加害者を突き止め、加害者の行為と被害の因果関係を立証しなければならない。しかも加害者の告発は、「科学的な知識」で裏づけられなければ、聞き入れられる余地がない。

しかるに、地球的不平等を論ずる場合に、分散された生産過程、原材料調達や加工への多くのエージェントの関与、製品の販売・流通の複雑なメカニズムを考えると、加害者を突きとめ、因果関係を「途上国の側が」立証するのは至難であるといわざるを得ない。

しかも、被害者が首尾よくそれを立証できたとしても、在来の法的概念では、加害者がなお当該行為の「不可抗力性」をもって抗弁すれば、加害者の責任を問うことができないし、損害の回復を加害者に請求できないとされている。

したがって、加害者として認定された多国籍企業や当該政府は、利潤をめぐる国際競争の激化を理由にあげて、その行為が「やむを得ないものであった」点を証明してくるに違いない。かれらは、自由競争市場における「行動の自由」という名目で、それらが違法性を含むものでない点を論証することができる。ここでは、選択や行為の責任の多くを自由競争に帰するいわゆるネオリベラリズムの思想が、人間の所為を「不可抗力」に見せる作業に一役買うかもしれない。

責任の特定という観点からいうと、地球的不平等の問題は環境問題と類似している。地球温暖化による海面上昇によって、ツバルは国土の大半が水没する危険にあり、ツバルの国民は他国により不正な被害を強いられたと感じている。CO_2排出量の上位国、たとえばアメリカ、中国、ロシア、EU、日本の順に重い責任があることは直感的にもわかるし、間接的に証明できる。

しかし、気候変動が、長期間にわたる複合的ないし累積的な過程の産物であることを考えると、アメリカのどの行為が気候変動に関係しているかを科学的に示すのは、科学的、司法的リソースの乏しい貧困国の側に挙証が求められる現状では、おそらく困難だろう。そもそも、それを訴えるべき裁判所、それを審議すべき機関が不在なのである。

環境問題の場合とくに問題となるのは、因果関係の科学的立証で時間を費やすあいだに、破壊の度合いが手遅れになるほど進んでしまう点だ。このため環境保護の対策においては、過失の立証がなくとも責任について云々できる「予防原則」の採用が検討されている。

いずれにしても、右のような厳格な法的責任概念で貧困の悪化を考えれば、政府や企業の大部分ばかりか、先進国市民の大半が途上国の経済運営にも農業経営にも直接かかわっていないという理由で免責されてしまう。

エージェント概念の拡張

一般に、不平等の実際の原因は複合的であり、人格化、個人化することのできないものがほとんどである。したがって、責任や道義の観点から不平等の問題を論ずるならば、責任主体の範囲を拡張するためのアプローチを開拓しなければならない。そのような問題意識から、「社会的連接モデル」(social connection model) という独特な責任概念に到達したのが倫理学者のヤング (Iris Marion Young) であった。不平等や貧困を行為者の責任から論ずる試みのひとつとして、このヤングの責任論を検討しておきたい(3)。

倫理学者のヤングは、責任を追及すべきエージェントを差し当たり特定することができないが、結果的に正当化することのできない体制を「構造的不正」(structural injustice) と名づけている。彼女は、在来の法的責任論では現在の不正の本質を解き明かすことはできないと考え、この概念に行きついた。

構造の歪みに眼を向けさせるため、ヤングは、欧米や日本の街中にあふれる衣類の安売りショップと、成長著しい繊維産業の例を紹介している(4)。大量に仕入れて安く売る販売店には、経済的に余裕のない人が訪れるばかりではなく、毎日違ったファッションを楽しみたい裕福な若者も頻繁に足を運ぶ。

ところが、今日の衣類産業や繊維産業を生産サイドから見ると、途上国の労働者が劣悪な労働条件のもと、昼夜を問わぬシフト体制で生産に臨んでいる。かれらは、先進国に比べれば驚くほど粗末な賃金水準で労働を強いられている。これもまた、広い意味において、先進国の企業による途上国労働者という「資源」ならびに「より立場の弱いもの」の搾取に相当するといえまいか。

衣類の生産、製造、流通、消費にかかわる各アクターは、それぞれ利潤の最大化、自己の職場の確保、企業の招致などの目標を追求している。それぞれの場面でだれかが故意や過失を働いているわけではないが、結果として著しく非人間的で歪んだ体制が生まれてしまう。とくに、最も所得の少なく、交渉力のない途上国の賃金労働者にしわ寄せがゆく構造になっているのである。

このような構造のなかで、途上国政府はジレンマに立たされる。一方では、先進国並みの待遇を保証するために労働法規を整備し、労働者保護を打ち出したいという思いがあろう。実際に、近年注目を集めている「アンチ・スウェットショップ」と呼ばれる運動は、政府にそのような政策の実施を求めている。

しかしながら、現地労働者の待遇改善のコストは企業の負担増加につながり、時としてマイナスの効果をもたらす。つまり、途上国の労働コストが上がれば、工場をそこに移転するメリットが奪われ、多国籍企業が途上国に見向きもしなくなるかもしれない。そこで、不況や失業を生み出さないためにも、途上国政府は労働者の賃金を低く抑えておく政策にメリットを見出すのである。

先ほども見たように、現在の法的責任概念では、不正をもたらした「エージェント」を特定することができても、その行為が「不可抗力であった」点が証明されるならエージェントは免責される。したがって、この構造に責任を負うと思われる劣悪な労働条件を課した工場経営者も、さらに賃金を低く抑えている政府当局も、「国際競争がその政策を強いている」、「この政策を選びたくて選んでいるわけではない」と抗弁できる。それどころか、「この政策をとらなければわれわれは生き延びることができない」と反論してくるかもしれない。そこからヤングは、この問題の本質に迫るには、「構造的不正への連帯責任」という考え方を導入する以外にないと考えた。

ヤングの新しい視点は、不平等がいわば「容疑者の見えない共同不正行為」であったとしても、体制全体の構造を問い直したときに、構造との関わり方に応じた責任の追及が可能となる点を示している。というのも、構造に追及の網をかけることで、われわれは事態を悪化させるような傍観、無知、放置の責任にまで踏み込み得るし、いや場合によっては、無過失責任にまで責任概念を拡張し得るからである。(5)

さらにこのモデルは、その不正義を取り除くためには、加害エージェントの追及や矯正のみではなく、グローバルな社会による「集合的行為」が必要であり、全成員がそれに対する貢献を要請されていることを指し示すことができた。

一般的にいうならば、われわれは国内、国外を問わず一つの体制に暮らしている。この体制は、社会という人間のネットワークのなかで、行為の繰り返しが生み出したものであり、その意味で習慣化されている。しかるに習慣は、それが維持されているからには、成員のほとんどから同意を得ているものと見なされ、一種の規範として通用している。人間、モノ、カネのネットワークとしての様相を呈しつつある国際社会も、ゆるやかな体制と考えることができる。

そこで、このような体制自体が不正であるならば、そのもとで暮らす人びとのすべては、体制との関わり方を見直す責任と、その改革のために行動を起こす責任を負うことになる。当然、その体制からより多くの利益を得ている人びとは、より多くの責任を自覚せねばならないだろう。

アンチ・スウェットショップ運動の例に示されているように、エージェントが責任を果たすために協業する必要があるからといって、エージェントのあいだに争いが起きないというわけでも、互いに競争する必要がないというわけでもない。責任を分け持つということは、エージェントが責任を追及しあって、なしたこと、なさなかったことについて相互に説明責任を求めることを意味する。グローバルな社会的、経済的プロセスは、諸個人や諸制度を、国家的管轄を越えた実際の構造的な連接のなかにおく。この連接について十分な認識を持ち得るような責任概念を採用することが、グローバル正義の理論を発展させるための重要な要素なのである(6)。

ここで見逃せないのは、先進国の人びとが、このような体制の受益者であるうえに、事実上この体制やルールを「途上国や貧困国に守るよう」強制している点である。すなわち、現下の国際経済システムやレジームに加盟するためには、自らに不利益の及ぶようなさまざまな義務を果たさねばならない。

もちろん、WTOへの加盟によって、持続的な利益という見返りが約束される国もある。しかし、このような義務は、体制の維持者によって設定されたものであり、途上国の一部にとっては、まぎれもなく外部からの「経済自由化のための強制」なのである。

このようにして、「グローバルな社会的、経済的プロセス」をかえりみて、ヤングの理論に即して先進国市民の責任を論ずれば、つぎのようになるだろう。すなわち、先進国市民の消費行動は、途上国の飢餓や貧困をもたらす十分条件を構成するわけではないが、途上国の弱者の行動が飢餓や貧困という結果しかもたらさないような「構造的条件」をつくってしまっているという意味で、先進国市民の行動は不正なのである。

「救済できる立場にいる」ものには等しく責任が

倫理学者のなかには、体制への関与の責任を論ずるだけで満足することなく、さらに責任概念を拡張して「行動する責任」に論点を移し、貧困国の窮状にまったく「かかわりをもたない人びと」（かりにいるとして）にも行動への責任が発生すると考えるものがいる。(7)

一般に、法的な議論では、たとえば台風という「自然災害」にともなう洪水で人家が流された場合、家を失った人びとを救済する責任が、洪水で家を流されなかった人びとすべてに適用されることはない。ノージック（Robert Nozick）やハイエク（Friedrich von Hayek）ならば、そのような比喩を使って、家を失った人びとの救済のために財を移転することがいかに個人の所有権に抵触するかを論じてゆく。

しかしながら、現代功利主義者のひとりシンガー（Peter Singer）は、このような場合でも、人類社会の一員としての責任が家を失った人びとを救う正義の義務を発生させる、と考える。言い換えると、貧困や飢餓におちいっている人びとに対する援助義務は、そのような状態におちいってゆくプロセスに全く関与しなかった人びとにも発生し得る。その点を論証するため、かれは『ワン・ワールド』（*One World*）を書き、地球市民共通の倫理的責任について語ったのである。

シンガーは、人権規範についての世界的な認知が高まり、一国家の市民が他地域における貧困や抑圧の惨状に共感を寄せるようになった一九七〇年代に、「慈善は足元から」ないしは「道徳的近接」という命題が他地域の苦境に対する共感を阻む恐れがある点を指摘し、共同体の成員に対する義務を他者への義務より優先させるような国民デモクラシーの論理に対して挑んでいった。

かれは、飢餓で生死の境界をさまよう異国の人びとを放置して、その人びとよりましな境遇にいる同国人をケアすることは、同国人と外国人のあいだに「人種差別にも似た」分け隔てを設けるに等しく、合理的に考えて受け容れられるものではないと述べている(8)。

そのシンガーは、一九七〇年代初めにベンガル危機が発生したおり、「飢餓、裕福、道義」（Famine, Affluence, and Morality）という論文を『哲学と公共問題』（*Philosophy and Public Affairs*）に寄稿して、人間相互の「近接性」が権利義務執行の優先順位の根拠とされている点に異議を申し立てた。ここでシンガーは、他者との近接性や隔絶性は、権利義務の強度、その履行の優先順位とは無関係であるというつぎのような道義理論を展開してゆく。

私が助ける人が一〇ヤード先に住む隣人の子供であっても、一万マイル離れたところに住む一生名を知ることもないベンガル人であっても、道義的な違いは全くない(9)。

こうして、功利主義の倫理学者シンガーは、あまり本質的でない価値を守りたいがために貧困解消への行動を起こさない富裕国の市民を、一種の不正行為者であるとみなす。

シンガーの一般的な定義では、①食料や医薬品の欠乏に由来する早死は悪であり、②道義的に重要ななにかを犠牲にせざるを得ないような状況に立たされるのでない限り、欠乏にさいなまれる者の救出は善である。そしてこの善が命ずる責任は、欠乏の責任が全面的に本人にあったとしても、欠乏の原因とは関わりがない他者にも発生する。

一般的なかたちで言い換えると、同じ社会内の他者がこうむる苦痛が軽減されることは正義の領域に属する。したがって、かれらに苦痛を与えている要因を取り除くこと、かれらに苦痛をもたらしている人びとにその行動を改めさせること、力の及ぶ範囲においてかれらの苦痛を軽減させるように行動を起こし、財を移転することは正義の義務なのである。

このことを、シンガー自身があげた例で考えてみよう。公園の噴水で幼児が溺れかかっている。通りかかった若者が、おろしたてのジーンズとスニーカーが水浸しになるからという理由で池に飛び込むのをためらい、子供を溺死させたとする。

この若者は、「子どもが溺れた責任は自分にはない」という論理で、「助けなかった」という選択を正当化できるかもしれない。しかし、このような正当化に耳を貸す市民も倫理学者もいないだろう。

ここでかれが非難に値するのは、人命と洗濯代の道義的価値を正しく値踏みすることができなかったからであり、自らの道義的価値を犠牲にせずとも幼児を助けられたと思われるからである。つまり、かれは「自らが危険を背負い込まぬ範囲で人命救助を実行しなければならない」という人類共通の義務を怠った。

シンガーによれば、先進諸国の市民のほとんどは、暖衣飽食の境遇にいて、インドに越境避難したベンガル難民の存在について知りながら、かれらになにも与えようとしないから、慈善の義務の不履行という不正を犯している。つまり、かれらは、わずかな効用を犠牲にすることをためらうあまり、飢餓や貧困にある人びとが得られるであろう巨大な効用を見過ごすという不正を犯したとみなされる(10)。

このように、シンガーのいう責任は、まさしく不平等な構造や体制の外部にいる人間（そのような人間がいたとして）にも発生すると考えられる。この責任論に立てば、地球上の富裕な人びとは、構造や体制の維持にどの程度責任を持つかとはかかわりなく、一律に飢餓や貧困の救済の義務を負っている。

逆に言うと、地球的格差に対する各人の責任の寡多を論ずる際に、その構造の発生や維持と彼／彼女がどの程度かかわりを持つかという法的な議論は、さほど重要な論点ではなくなるのである。

2　国際的社会正義の懐疑論——ロールズとコミュニタリアンのリベラルな同盟

グローバルな社会正義という考え方には、さまざまな思想潮流から反対論や懐疑論が浴びせられている。われわれはここで、そのような批判論や懐疑論の主張と、その妥当性についても考察しておかねばならないだろう。

ハイエクは、「正義の概念が所得分配の問題にすぐに結び付けられるのは、擬人観にもとづく誤った考え方によって、社会が自生的秩序ではなく組織と見られてしまうからである」と述べ、[11]およそすべての社会正義概念が誤謬であるばかりか、それが政策として実施されれば、自生的秩序が攪乱されるとした。このような原理主義についてまで立ち入って検討する必要はないように思われるが、リバタリアンの極論はおくとしても、より穏健なリベラルやリベラル・コミュニタリアンのなかに、救援を正義の義務として認めることに合理的な異論を挟む者が少なからずいた。

シンガーの定式化にやや遅れて、地域共同体を擁護しようとするコミュニタリアンが、一九八〇年代に正義の「領域的な限界」についての議論を開始した。その議論は、直接にはロールズ流の正義の普遍的な類推への反論として提起されたものだったが、共同体を超える正義一般に懐疑的であるため、それらを国際的社会正義そのものに対する否定的見解とみなすこともできる。

相互に切断された諸個人が、普遍化要求をもとに共同体に基礎づけを与えるというロールズの推論に応答したサンデル（Michael Sandel）、テイラー（Charles Taylor）、マッキンタイア（Alasdair MacIntyre）などのコミュニタリアンのうち、われわれの関心にとってとくに重要なのは、道義が成立するためには成員の「慣習による了解」が先行しなければならない、と論じたウォルツァー（Michael Walzer）であろう。

かれは、道義的な責任について、歴史共同体からそれを導き出すことはできるが、普遍的な理性によってそれを基礎づけることはできないと論じて、ロールズ流の普遍的人格から築かれた共同体においては実質的な道義が不在である点を指摘した。

共同体的な統合という考え方は、その道義上の力を、同時代の男女が持つ歴史的共同体の成員として生きる権利と、継承した文化を自分たちがつくりだす政治形式をとおして表現する権利から得ている。(12)

そしてこのウォルツァーこそ、国際社会における道義に積極的に言及し、国外の道義が国内のそれとは異質なものであるべき点を、だれよりも鮮明に述べた思想家であった。

人類には構成員はいても記憶はない。したがって、人類には歴史も文化もないし、慣習的な実践も、慣れ親しんだ生活様式も、お祭りもなければ、社会的な善をめぐる理解もない。(13)

コミュニティーの正義との抵触

コミュニタリアニズムの国際関係論は、一共同体の成員がほかの共同体の成員に直接の道義的義務を負うというグローバルな社会正義のような論理が、「包括的な教説」を国際社会に持ち込むきっかけを与え、ひいては帝国的な野望に口実を与える恐れがあると考える。

コミュニタリアンはとくに、たとえば「共存倫理」を上回るような道義（たとえば国際共産主義）の樹立が、共同体の多様性を掘り崩し、共同体間の秩序を攪乱することを警戒している。その意味でも、コミュニタリアンにとって、グローバルな道義はthinな（根付きの浅い）理解に基づくものでなければならない。フロストによれば、その主な内容は内政不干渉、武力不行使、少数者の人道的処遇であった(14)。ウォルツァーも、各共同体の「自己決定」の尊重をそのような道義の重要な徳目としてあげている(15)。

コミュニタリアンは、このような「道義のミニマリズム」の実践に、防御的だけではなく積極的な意義を見出していた。すなわちミニマリズムは、慣習の同意や承認を得ながらゆるやかに形成されるため「異質なるものの包摂」を指向し、また、「道義に対する批判的視点」にも開放されている。

正義ではなく共存倫理というミニマルな土台の上に築かれた国際法が、ラテンアメリカ的、中東的、アフリカ的、アジア的なるものをも取り込み、そして、それらの地域にも受容されてきた事実がその証拠といえよう。したがって、道義のミニマリズムは、各国、各地域の道義についての

thick な（根付きの深い）理解を「テストする」共通の規準となり得るはずである。(16)

たとえば、他国や国連による「承認」を望む新興国は、人権の尊重、国境内での少数者への処遇などに関して、国際法のテストをパスしなければならない。このようなテストをパスすることは、同時に、自助努力によって貧困や飢餓を克服する意欲を示すことを意味する。したがって、thin な道徳であっても、国内の改革の指針として十分に役立ち得る。

いずれにしても、承認の是非を議論する際に用いられる規範は、いずれの国家、いずれの文明の道義をも妨げない共通項的なものでなければならないだろう。ここにもまた、コミュニタリアンにとって国際社会における道義がミニマルであることの必然性が存在する。

アンチ・コスモポリタンとしてのロールズ

国際社会の道義に対するコミュニタリアンの消極的、懐疑的な見解の定着を後押ししたのが、「格差原理」の国外への適用を峻拒し続けて実際上コミュニタリアンに合流した後期ロールズであったことを、意外に思う研究者は多いだろう。

ロールズはいう。

正義に適った世界秩序は、それぞれの国民が、必ずしも民主的でなくとも、諸々の基本的人権を完全に尊重している、秩序だったほどほどの政治（国内）体制を保持している、おそらくそのような諸国民

からなる社会とみるのがよいであろう。(17)

国際社会において、救済を申し立てた人間に対し義務を負うのはだれか。これに対するロールズの明快な解答は、地球市民ではなく、同じ領土に住まう市民であり、あるいは市民の意思を集約すべき領土政府である。この見方をロールズは、二つの根拠に照らして正当化している。

一つは、権利の「保障」は宣言と違ってやはり政治共同体や民主政府を必要とするからである。したがって、同胞市民や領土政府の負う責任は、ほかのだれよりも重い。二つは、国際社会が主権国家の織りなす社会だからである。そこでは基本的に自己決定権を超える権利義務を構想することはできない。それどころか、自己決定権は、貧困対策、格差解消を国内で「独自の流儀」に基づいて執行するための唯一の保障を提供している。

もし、社会正義の領域である貧困対策や福祉に他国が踏み込むことが許されれば、このような秩序が根本から揺らいでしまう。そればかりか、領土政府が義務を十分に果たさず、援助に頼りがちになる恐れもあるだろう。領土民が政府の追及をおろそかにして、国際社会の援助に過剰な期待を寄せるかもしれない。

もとよりロールズの国際正義論は、自由で平等な個人（国家ではない）を想定し、ついでそのような個人の代表が正義を構成原理として政治共同体を組織し、人権保障の責任を負うよう政府に約束させるという手順に従っている。

そのように自由な諸国民と、さほど自由でなくとも人権を尊重し、対外的には礼儀正しく（decent）振舞う諸国民の集う場が国際社会であり、その諸国民の外交に適用されるのが内政不干渉や武力不行使を命ずる「諸国民の法」（*The Law of Peoples*, 邦題は『万民の法』）であった(18)。自由な諸国家が織りなすそのような社会では、領土政府が説明責任を果たし、弱者や貧者の自由や権利に気を配る。人権は当該国の政府によって保障されるだろうから、自然災害や紛争難民の発生など特別の場合を除けば国際的な人権の保障の必要性は生じない。

国際的な社会正義の可能性についていえば、正義は一種の契約によって合意されるべきところ、国際社会は、契約の主体となるべき開明された自己決定を行う個人や国民、かつ権限や能力において平等とみなし得るような個人や国民で満たされているわけではなかった。したがって、ロールズによれば、国際社会を網羅するような「諸国民による契約」があったとしても、国内と同種のものになることはない。

ロールズは、基本的に現世界に存在する社会経済的な差異が、政治文化、すなわち個々の社会の政治的、市民的文化の産物であり、その住民が行った選択の結果であると考えている。ベイツやポッゲなどの解釈とは反対に、ロールズによれば、極端な事例を別にすると、資源に恵まれているか否かはこの点とはほとんど関係がない。基本的人権が尊重されていないことのほうがはるかに重要な発展の阻害要因となっており、さらに、適切な政治文化を生み出す必要を考慮に入れない開発援助が、効果を生むこともないだろう。ひとたび社会が、リベラルないし「まっとう」なかたちに組織されたなら、住民は、自分たちの長期的な富裕度に劇的な効果をもたらすような選択をなし得るはずだ。[19]

ロールズの主張をこのように要約するならば、彼をむしろグローバルな正義の否定者、つまりアンチ・コスモポリタンと評することができる。

政治コミュニティーと権利義務執行の確実性

アンチ・コスモポリタンの説は、領土政府が、たとえば絶対的貧困や失業に由来する貧困を解消する意思と、そのための資源を備えている（あるいは、内外の圧力を受けての民主化への努力によって将来備えられる）ことを前提としている。ロールズの貧困・飢餓問題に対する楽観的な見通しも、そこに由来するといえるかもしれない。

ところが、現実には、民主制と分類される国家においてさえ、政府や国民のみでは永遠に対処しきれないような、あるいは腐敗した前政権の遺産でしかないような貧困や飢餓がみられる。アンチ・コスモポリタンであるロールズは、そのような「重荷を負った社会」に対する援助を除外するわけではない。

とはいえ、この援助はコスモポリタン的な正義に基づくものでも、不平等や格差の根本的な縮小を目指すものではなく、危急の状態におかれた人びとを救済するためのものであり、その国の政府に所得の再配分を行う「民主的能力」ないし「民主的文化」を持たせるためのものに限定される。

こういった考え方は、実は、先進国の援助に対する基本姿勢そのものなのである。現行の援助の多くは、借款や無償援助のかたちで「国を対象にして」行われる。なぜならば、実際に財政予算を動かしているその国の政府に任せるほうが効率が良いように思われるからである。

もっとも、受入国の政府が国民の信任に基づいていなければ、あるいはその政府が有効な経済学の専門知識を欠いた状態にあれば、援助が経済弱者やマイノリティーの手に行きわたる可能性は低いだろう。このような援助の「吸い取り」が腐敗の温床をつくり、先進国の懐疑論者たちが掲げる「援助額を減額せよ」という要求に正当性を与えてしまう。

そこで、援助国は受入国の国内体制にもいろいろと注文をつけ、また援助金の使用法が現地の人びとのニーズにかなっているか、すなわち民主的かどうかをモニターする。近年、途上国政府に「弱者を含めた国民全体が受益者となる開発プラニング」を提出させ、ＩＭＦや世界銀行がそれをもとに融資を決定するという試みも実施されている。

いずれにしても、領土政府によって弱者がエンパワーされ、弱者の声が政治に反映されるようになれば、各国は貧困の罠から抜け出すことができる。そのような自助精神を持つ民主的な諸国家が集まった国際社会においては、各国政府による人権の保障を通じて貧困はおのずから改善されるはずである。したがって、紛争や自然災害による難民などに対する場合を除いて、国際的な人権保障の必要性は否定される。

　このようにみてゆくと、テイラーが「人倫社会」を共同体の前提として、ロールズが「契約論的な共同体」を構想したという違いを別にすれば、ともに、個別のコミュニティー内の権利義務を優先するという意味で、その権利義務を使って「自分で豊かになりなさい」と訴えかけている点で、リベラル・コミュニタリアンとロールズは、グローバルな正義に対して同じ立ち位置にいる。

　ロールズがリベラル・コミュニタリアンにどれほど接近したかは、ミラー（David Miller）やウォルツァーが、「配分的正義は区画をともなった共同体にしか妥当しない」というロールズの見解に支持を表明したことによっても明らかにされている。[20] しかもロールズは、コミュニタリアン以上に地域共同体に執着していることを隠そうとしていない。

　かれは、国境が不正なかたちで引かれたものだとしても、またその結果として国民が利用可能な資源には偏りがあるとしても、それを補うための民主主義的な慣行（包摂、人権の保障、代表制など）の積み重ねにより、境界が生む不正の多くは緩和されると考えた。[21] この点においてロールズは、境界の「再交渉」の継続を期待したウォルツァーより、共同体の枠組みの問題に関していっそう現実的かつ保守的であるとさえいえるかもしれない。[22]

　のちに触れるように、コスモポリタンであるベイツ（Charles Beitz）とポッゲ（Thomas Pogge）、そしてオニール（Onora O'Neill）は、コミュニタリアンよりむしろロールズを標的として、国境を越える道義共同体の存立可能性を弁じてゆく。このような経緯を踏まえると、ロールズは、論敵であるコスモポリタンの触媒になったという意味において、実にコミュニタリアン的な役割をコミュニタリアン以上に果たしたといえる。

いずれにしても、ロールズやリベラル・コミュニタリアンが社会正義の国際社会への適用可能性を峻拒する際の論拠が、権利義務の履行の確実性の問題と、道義の多様性の問題であった。

すなわち、ウォルツァー、ミラーなどのコミュニタリアンに従うと、善や正しさの観念はその社会集団に固有であることが通例であり、共通にそれを正しいと理解する人びとのあいだではなく、それを慣習によって実践している人びとの範囲でしか、正義の確実な「履行」は期待できない。たとえば、「恩に報いなければならない」という文化と「生きるためなら、他者を道具にすることもいとわない」という文化では、内部で暮らす人びとの正義観が大いに異なるし、弱者を救済する方法、救済する際の強制の有無も異なるであろう。

もし両文化が融合すれば、双方の正義観や弱者救済の流儀がゆらぎ、履行の確実さを得るのが難しくなる。したがってコミュニタリアンは、倫理的に生きようと望むならば、権利義務関係を習慣的ないし法的に共有する人びとと生きるのが自然であるとみなす。そしてそのことは、共同体と共同体のあいだに「境界」が引かれるべき理由になる。

このようにアンチ・コスモポリタンやリベラル・コミュニタリアンは、地球上に複数のコミュニティーとその区画があり、社会正義も含めてコミュニティーごとに正義が異なっている状態を、ある意味で自然だと考える。共同体間の格差があったとしても、それは各国家がそれぞれの社会正義概念に従って国内で配分を実践してきた結果なのであり、国家の自己決定を尊重したことの代価なのである。

ロールズは、リベラルな国家だけからなる国際社会があったとしても、内発的な国内道義を損なうおそれがあるという理由から、その社会への正義の適用を逡巡するのである。

3　コスモポリタンの正義論――国家の道義から人間の責任へ

グローバルな正義への以上の懐疑論（必ずしも国際正義への懐疑論ではない）の台頭によって、地球的な富の偏在について論じようとする者すべてが、ロールズへの応答を余儀なくされた。その意味で、今日のグローバルな正義論は、ポスト・ロールズの段階にあるといってよいだろう。

ロールズに対して反論を試みているのは、ベイツとポッゲ、そしてオニールらのコスモポリタンである。かれらの主張やその前提は、ひとくくりにできないほど相互に隔たっているが、やや単純化していえば、コミュニティーの正義や同胞への義務を優先すること（favoritism）が不正ではないとしても、困窮する外国人と困窮する同国人に対する救援義務の選択にさいして、「無条件で」同国人への義務を優先することが倫理的に正しくない、と見る点でかれらは一致している。

かれらの観察においては、国際社会も国内社会と同様に互酬的、協業的な体系を築きつつあった。社会的義務と呼び得る二つのうちどちらを優先すべきかは、緊急性や必要性に応じて、あるいは公開の討論によって合理的に決着させるべき事柄なのである。

危害をめぐる因果的関係

『正義論』(*A Theory of Justice*) を国際社会へ適用して、ロールズに真っ先に応答したベイツは、『国際秩序と正義』(*Political Theory of International Relations*) において右のような疑問をもとに、ロールズの理論に修正を加えてゆく。

ベイツによると、世界は相互依存の深化によって「社会的な組織」という装いを持ち始めている。ロールズのごとく、閉じた、かつ自己充足的な協業的体系としての国民のみを社会正義のアリーナとみることは、正しくない。なぜならば、国民と国民は、いまや経済的に依存しあっているからだ。したがって、個人が領土内の個人に対してだけ社会協業や社会正義の義務を負うという論理は、もはや妥当ではないだろう。かれは、国境の向こう側の個人に対しても、その程度は異なるとはいえ、同じ協業関係に暮らす他者という意味でたしかに義務を負っている。(23)

とはいうものの、このようなベイツの定式化に、ある種の論理の飛躍がみられることも事実だ。すなわち、グローバル化によって相互依存の認識が深まったからといって、必ずしも国際社会において道義の thick な理解が「共有される」という見通しや、「共有されるべきである」という結論が導かれるわけではない。

国境を越えた道義の存在が論証されるためには、ベイツのいうような「他者一般」との関係に加えて、一者が「具体的な他者」に影響を与え得るという意味での「因果論的な」交歓関係が認められねばならないからである。

たとえば、一共同体の成員Aがほかの共同体の成員Bに危害を加え、損害を与えたとしよう。その場合、AとBは具体的な危害－被害という因果論的な間柄に立つことになる。債権者が債務者と公共の場で責任追及や補償の交渉をする場合のように、かれらは、危害という不正をめぐって、あるいは原状回復のための正義をめぐって道義言語を共有しなければならない。

言い換えると、このような場合に当事者は、単なる共存を超えた同一の道義圏、しかもそれに関心を持つ公衆も含めた共通の道義共同体に身をおかざるを得なくなるのである。(24)

ベイツのような普遍主義や一般化におちいるのを避けつつ、危害－被害の「因果論的」な認識を呼び起こすという方法によって、境界を越える権利義務の実体性を描こうとしたのが、現代のコスモポリタンを代表する一人とみなされるポッゲであった。

ポッゲは、他者一般への義務を空疎とみなすコミュニタリアンからの批判を克服するため、一方における先進国市民やかれらが擁護する国際経済体制と、他方における飢餓や貧困にさいなまれる人びと、この両者が de facto な（事実上の）因果論的関係に立つことを論証しようと試みる。

「最低限の義務」（negative duty）の違反というかれのアイデアは、その論証作業の要に位置するものである。すなわちポッゲは、現下の国際システムが、貧困者や飢餓者の道義的自己決定に対して危害にも等しい「制約」をもたらしている点に注目する。(25) その制約は、自然環境の破壊のように累積的であるため意識にのぼることは少ないが、貧困者や飢餓者にとってはまぎれもなく重荷なのである。

したがって、先進国市民は、そのような国際システムを支えている（異議を申し立てない）という点において、すでに貧困国市民との因果関係の網の目のなかにいるばかりか、「汝のしてほしくないことをするな」という最低限の義務を怠っている。ポッゲはこの点を明らかにしようとした。ポッゲいわく、この秩序に身をおく人間は、「人権が保障されない人びとにいっそうの窮状をもたらすような、正義に反する社会制度をそのままにしている」という意味で、かれらに危害を加えているのである。

冒頭のエージェント説の結論とは異なり、この考え方では、先進国に暮らすほぼすべての市民は共同不法行為の責任を免れないとみられる。そのような市民が「貧困者のためになにかをなし得るのに」なにもなさない場合には、不正は重くなる。

ポッゲの貢献

国際社会が道義的関係で結ばれているいまひとつの有力な証拠として、ポッゲは、通例われわれが「国内的な道義問題」として言及しがちな暴政、腐敗、クーデタ、内乱をあげる。ポッゲによれば、途上国のこれらの不正は、実に国際社会というシステムによって引き起こされ、国際システムがその持続要因をかたちづくっている。

というのも、先進国およびその企業は、貧困国政府に対し、どのように不正な道筋を経て政権を得たかには無関心のまま、また政治の腐敗に目をつむったまま、天然資源の供給を求めるからである。

先進諸国のほとんどは、途上国政府が人権弾圧に手を染めていたとしても、その政府が経済交渉の席に着くのを止めさせはしない。それればかりか、貧困解消には役立たないと知りつつも、その政府に兵器を売却し、軍事的に支援する場合さえある。

しかも、そのような不正に満ちた国家にしばしば起こる軍事クーデタの主要な動機のひとつは、「権力を奪取すれば、先進国への天然資源の売却によって多大な利益をつかむことができる」という期待であった。まぎれもなく先進各国が、そのような期待を持たせたのである[26]。

貧困にさいなまれる者が政府を訴えるべき国際ないし地域裁判所が不在であり、その政府に勧告し得る機関が不在であるという現状では、このような国内的不正を取り除く方策は、先進国の市民や政府が腐敗政府とのつきあい方を「道義的責任」という視点から問い直すこと以外にはありえない。ここに、コスモポリタンのポッゲが国際社会そのものを共同体ととらえ、そこでは「権利義務の間柄が成立する」と考えた最大の根拠がある。

ポッゲはまた、先進国市民がさほどの犠牲を払わずに「果たし得る義務」についても触れている。かれが提唱する「グローバルな資源の配当」と呼ぶ基金は、資源の生産の一％を途上国の社会的サービスに役立てようとするものである[27]。

ポッゲの試算によると、この基金への拠出が相互監視により義務化されれば、年間約三二〇〇億ドルの資金が利用可能となる。これは、富裕国による途上国への援助総額の八六倍に相当するという。この基金をもってすれば、地球のすべての人びとに良質の水と電力へのアクセスを提供できるだろう。

このような基金の創設を実際に提案すれば、賛同する国としない国、あるいはそこに拠出できない国が出てくる。「協力しない国もあるのに、われわれだけが払うのには納得がゆかない」と、まさしく公平の名のもとに不平をいう先進国市民も現れるだろう。

しかしこの誤解は、かれが消極的義務に違反している事実に気づかないことから起こる。「責任や負担の配分が公平でないから、責任をとりたくない」という正義は、少なくともグローバルな格差を論ずる際に先進国の市民が口にすべき内容ではない。ポッゲの議論は、この点を明確に示しているのである。(28)

おわりに

コスモポリタンとコミュニタリアンの論争を詳細にたどってゆくと、グローバルな正義に関する論点は、次第に「現存の国家」の道義性をどう評価するかという問題に収斂しつつあることがわかる。すなわち、国家ないし政治共同体がそれ自体で道義的に完結した主体になり得ると考え、共同体の「あるべき姿」を前提に社会正義を論ずるコミュニタリアンに対して、コスモポリタンは、とくに既存の共同体の道義的な不完全性、つまり「あるべき姿」と「あるがままの姿」の乖離を問題とする。

コスモポリタンに従えば、少なからぬ国家が破綻政府や半主権国家の状態にあり、人権弾圧、虐殺、抑圧、ネグレクトなどの非道義性に彩られている以上、なるほどウォルツァーのいうように国家や政治共同体が道義的存在に「なり得る」としても、そして現在の国家システムが国家を道義的な自己決定主体とみなしているとしても、そのことは現下の諸国家が道義的であることを保障するわけではない。

もちろん、ウォルツァーもまた、「道義的に劣った」国家や民族が存在する点を認めている。しかしかれにとって、国際社会がそのような国家に対してなし得る手立てとは、「道義のミニマルを代弁する」連邦や同盟が圧力をかけることであった(29)。

これに対してコスモポリタンは、「危害」の存在や認識により人間の共同体感覚の外延が広がっているという事実を、近年における道義をめぐる重要な変化ととらえ、既存の共同体を超えた「個人と個人の間柄」ないし「個人の道義的責任」に、共同体の道義的な不完全性を克服する契機を見出そうとする。

そのような個人的責任というコスモポリタンの争点に照らして地球的不平等に対する先進国の認識、さらに国連やその諸機関による貧困対策や開発援助政策を吟味してゆくと、やはり、前提となる認識のなかに、国家政府が果たす役割についてのオプティミズムや過剰な期待があることは否定できないだろう。

このようなオプティミズムは、すでに国際法における「人権」の捉え方にも現れていた。たとえば「世界人権宣言」は、その第二八条で、

> すべての者は、この宣言に掲げられた権利および自由が完全に実現される社会秩序および国際秩序への権利を有する。

と規定している。

しかし宣言は、このように権利の主体が「すべての者」であると述べる一方で、義務の主体については、「加盟国政府」をほのめかすにとどまっている。しかもこの宣言は、政府が役割を果たせない場合にどのような手立てが講ぜられ得るのか、という点について言及していない。

このように考えると、われわれがまず持たねばならないのは、地球的な貧困や飢餓の問題において、危害をめぐる新しい国際社会が生成しつつあるという認識、そしてその危害に対して政府や国家のみでなく、個人も責任を負うという自覚だといい得るだろう。

「人権宣言」を補うためにわれわれは、個人もまた国際社会の責任や義務の主体であることを明記した国際条約、いや「国連憲章」よりも個人の責任にまで踏み込んだ「グローバル憲章」の制定を検討すべき段階にきているのかもしれない。

第7章　戦争史という思想

――国際関係における反実仮想の効用

はじめに

Ｅ・Ｈ・カーは、「起こったかもしれない」出来事を歴史家が取り扱うことに反対し、いわゆる反実史（counterfactual history）を史学の主題から除外した。歴史家は近過去を論ずる際に「もし、歴史が別のコースをたどったらどうなっていたか」を空想する誘惑にかられるが、カーによると、これはすべての選択がまだ可能であった時期を記憶している人びとが、「未練がましく」歴史にコメントしている証拠であった。

史実至上主義に対しては否定的な態度をとり、歴史家に想像力を要求したカーといえども、「感情的で非歴史的な反応」という手厳しい評価を反実仮想（What if ～?）に加えているのである。(1)

歴史を描く者に反実仮想の使用を認めれば、史学が寓話の仲間に逆戻りすると考える歴史学者は多い。仮想は主観的な想像が支配する場であり、その無造作な使用は、ランケ（Leopold von Ranke）以降、客観的史料と実証的方法を重んじてきた史学を後退させる恐れがある。カーもまた歴史の摂理主義的な解釈に反抗した歴史学者のひとりであったことを考えると、かれが歴史研究から if を遠ざけようとしたことには納得がゆく。

たとえば、二十世紀の戦争を語る際に反実仮想を用いることには、歴史家にとって強い抵抗があるかもしれない。なぜならば二度の世界大戦は、犠牲の数においても戦闘行為の残虐さにおいても

「取り返しのつかない」出来事だからである。戦争を回避できたかのように論ずることは、歴史の持つ「一回性」(Einmaligkeit) に正対していないという印象を与えるであろう。

歴史家ではなくとも、たとえばホロコーストや原爆の被害者からみると、ホッファー (Eric Hoffer) が知的な遊戯のつもりでよく口にした「もし、ヒトラーが病的に反ユダヤ主義にとりつかれていなかったら(2)」、あるいは「もし、原爆がナチス・ドイツに投下されていたら」という推理は、犯された罪を軽減することにならないし、被爆者の苦痛を和らげることにもならない。

反実仮想で戦争再発を防ぐ

しかし、平和の構築や戦争の予防に実践的な関心を抱く者のなかには、歴史をあるがままに受け容れるだけでは満足せずに、反実仮想の積極的な活用を提案する学者も存在する。

消し去ることのできない過去であっても、それが不可避や宿命であったと断定すべき根拠はない。また、人間が類似した事態を防止できないと考える理由もない。「もし、両国が意思疎通を図れていたら戦争には至らなかった」という反対の事実を語ることで、戦争の原因を突き止め、なおそこから将来に向けての課題を引き出すことができる。

冷戦史家のギャディス (John Lewis Gaddis) も、国際関係論における反実仮想の有効性を唱えるひとりである。かれは、戦争の因果関係を定立するために反対の事実を想定することを、「歴史家が行う実験」とみなしている。ギャディスによると、国際関係史家は、自然科学者が試験管や遠心分離機で行うのと同じ作業を反実仮想によって行い、「異なった結果が生み出されるのを見届けるために、条件の設定を変えてみる」のである。(3)たとえば、「もし、サラエヴォでオーストリア皇太子が暗殺されなかったら」という推理は、第一次大戦を引き起こした構造的要因と触媒事件を識別することに役立ち、なお開戦が必至となったターニングポイントの探索に効果をあげる。

さらにわれわれは、国際関係論において反実仮想が有益である理由に、『歴史の教訓』(*Lessons of the Past*) を著したハーヴァード大学教授メイ (Earnest R. May) があげる「外交担当者が、歴史が教えたり予告したりしていると自ら信ずるものの影響を受けている」という点をつけ加えることができる。(4)

たとえば、第二次大戦中ヒトラーが、潜水艦による攻撃の拡大を主張する海軍将校にとりあおうとしなかったのは、「もし、第一次大戦中にドイツが無差別潜水艦戦を控えていたなら、アメリカを参戦に踏み切らせることはなかった」という教訓が念頭にあったからである。また、アジア太平洋戦争の終幕で連合国軍が日本に「無条件降伏」を要求した背景には、第一次大戦が「停戦」で決着し、ドイツを占領しなかったという悔恨が働いていた。

このように、外交担当者や将軍は、つねに過去の類似した状況へ参照し、「過去の失敗を成功に変える選択がなにであったか」と問いかけながら決定を行っている。われわれはしばしば「歴史の教訓」を口にするが、先人の轍を踏むことを嫌う指導者が模範として採用するのは、実は過去そのものではなく「矯正された過去」、つまり反実仮想である。

しかもクレイグ（Gordon A. Craig）とジョージ（Alexander L. George）が指摘するように、歪んだ反実仮想に基づく指導者の「歴史の誤用」が、外交の失敗につながることさえある。(5)

近年『その場合に何が起こっていたか？』（*What If?*）を編纂した軍事史家カウリー（Robert Cowley）によると、反実史は、歴史に埋もれた「第二の選択肢」がなんであったか、そしてそれが第一の（実際になされた）選択肢と入れ替わる可能性がどのくらいあったかを知らせてくれる。

カウリーはまた、選択的行為としての戦争を扱う軍事史ほど反実仮想が効果的な分野はないと述べている。(6)まず開戦にさいして、戦争に訴えるか否かという決断があったはずである。つぎに、戦争を行うにもどのような戦法で臨むかという選択が存したはずである。このように考えると、反実仮想は、「戦争やむなし」という決断に至った指導者の胸のうちを、われわれに追体験させてくれるかもしれない。

反実仮想の意義と危うさ

とはいえ、国際関係論における反実仮想の使用も、「危うさ」を免れているわけではない。(7)無意味な歴史言説をあふれさせ、神話的な歴史解釈を復活させるというカーの危惧はひとまずおくとしても、現在の価値観や合理性を絶対視したうえで反対の事実が推理されるならば、戦争は「愚行」や「合理性の欠如」としてのみ裁かれるであろう。そうなると、歴史が後知恵や結果論を超えるものでなくなってしまう。

たとえば、「もし、日本が日米の国力の違いを正確に認識していたなら、真珠湾攻撃を行わなかった」という推理は、人間の合理的性格に過剰な期待をかけ、「啓蒙された人間」を普遍的なものと仮定しているという批判を免れないであろう。

実際のところ、マクニール（William H. McNeill）もいうように、戦争に関する決定を下す立場にいる人間は、勝敗を分ける決断を、「心ならずも山勘を頼みに下さなければならない」からである(8)。

よりいっそうやっかいな問題は、戦争が勝者と敗者を分けるため、「語り」（narrative）としての歴史のなかで、それぞれのアイデンティティを反映する異なった反実仮想が展開され、歴史認識に隔たりが生じてしまうことである。

「原爆投下は早期に戦争を終結させる最善の方法であった」という言説は、「もし、アメリカが九州上陸作戦を敢行すれば、米兵数十万人の命が失われた」という推理から直接に導かれる結論である。この種の言説が検証を受けずに流布すれば、国民の勝利や栄光のみが正史として語り継がれるであろう。

このような事態を防止するには、反実史を相互に検証し、反証するフォーラムと、さらに「語り」としての複数の歴史を相互主観的に媒介させる、ポストモダン史学の成果をも取り入れた「メタ－反実史学」が必要となる。本章では、反実史の有効性と課題を同時に視野に収めながら、国際関係における反実仮想の用法と用例を検討してみたい。

1　世界大戦は不可避であったか

第一次世界大戦の原因の推理ほど、国際関係論者の想像をかきたてるものはない。なぜならば、この戦争にはヒトラーや日本陸軍参謀のような明瞭な悪玉が存在せず、原因の探索には想像力が要求されるからである。

しかもこの戦争では、一世紀以上にもわたって築かれた大国の覇権争いと軍備拡張という構造的な要因、生存競争のなかで他国を出し抜きたいという各国の思惑、戦争の引き金（触媒事件）となった要人の暗殺などの諸原因が、複合的に組み合わさっているからだ。その戦後処理が、戦勝者にとって悔いの残るものだったことも、第一次大戦が注目を集める理由かもしれない。

第一次世界大戦と反実仮想

いま、「もし、この戦争が起こらなかったならば」と仮定してみよう。ロシアやドイツの国内で革命が勃発する確率は低くなる。一九三〇年代半ばにドイツが戦後賠償にあえいで、全体主義へと突き進むこともなかったであろう。

そう考えると、四〇年代初頭にドイツの快進撃を見て勢いづき、戦線を過剰に拡大する軍国日本もなかったし、人類がアジア太平洋戦争を耳にすることもなかったかもしれないなど、「戦争の世紀」とは別のコースを歩む二十世紀世界を仮想することができる。

とはいえ、戦争自体を消し去るほど大胆な推理を繰り返せば、ギャディスがいうところの「反実仮想を用いる上で歴史家が守ることを要求される高度な規律」を、おざなりにしていることになる。(9) そこで国際関係論者の多くは、なるべく可変数を一つに絞って、「もし、オーストリア皇太子が一九一四年に暗殺を免れていたら」というようにifを限定して語るのである。

以下では、このifに挑発された論者たちが、どのような推理を展開しているのかみてみたい。

歴史の構造的な要因は、触媒事件という要因より重い。そのように考えれば、暗殺が未遂に終わったとしても、ほかの事件が引き金となりいずれ戦争は起こったであろう。ヨーロッパ大国の指導者たちが「戦争は避けがたい」と覚悟を決めて準備を進めていたとすれば、かれらは戦争に打って出る機会を逃さなかったはずである。

たとえばシカゴ大学で戦争史を講じたマクニールの解釈によれば、第一次大戦の根本原因は、「人口増加によって均衡が崩れてしまい」、各国内の人口増加が一国の産業構造の変革では吸収しきれなくなったことにある。(10) このような歴史の大きな波動に着目すると、大規模な衝突は必至であったという憶測が成り立つであろう。

サセックス大学のニコルソン（Michael Nicholson）によれば、一八九四年や一九〇八年のヨーロッパも、一九一四年に劣らない一触即発の状態にあった。必要条件が整っていたこの時期に、「もし、開戦のきっかけや口実がもたらされていれば」、それが十分条件となって世界戦争に発展したに違いない。十分条件だけで戦争に至る確率はゼロであるが、それが必要条件と組み合わされれば、確率を高く見積もる必要がでてくる。(11)

さらに、トムソン（William R. Thompson）のように、イギリスとドイツの軍事バランスの急激な変化やバルカン半島におけるオーストリア＝ドイツとロシアの競合、さらに独仏の敵対感情の悪化など、戦争に結びつくような構造的要因をあげてゆくと、反実仮想の中身は「もし、暗殺が未遂に終わっていたら」ではなく、「たとえ、暗殺が未遂に終わっていても」（Even if〜）に変わる。(12)

この場合は、if節が新しいなにかを歴史解釈につけ加えることにはならないが、歴史家は反実仮想という技法に訴えることによって、宿命論のニュアンスを強く漂わせることができるのである。

選択の結果としての戦争とその責任

しかしながら、乾燥した落ち葉も「火の粉」がなければ燃え広がらない。数日待つだけでも、雨が降って落ち葉が湿り気を帯びる場合がある。そこで、暗殺が未遂に終われば「戦争が起こらなかった」、という推理を展開する論者もいる。

彼らの反実仮想の根拠は、数カ月間平和が続いて各国の思考が変化したり、あるいはその間に各国の指導者が強硬派から穏健派に入れ替わり、その指導者たちが戦争以外のオプションを真剣に考えるようになった可能性である。

戦争の原因として偶然の連鎖を強調するダートマス大学のルボウ（Richard Ned Lebow）とともに、数年のあいだ、触媒事件に相当するものが起こらなかったと仮定してみよう。勢力拡大のため平時を最も有効に活用したのはロシアだったと考えるのが妥当であろう。そうするとドイツは、ロシアと比べた自国の脆弱感から、安易にオーストリアを支持することができなくなる。

実際に、ドイツがビスマルクの禁を破って対フランスと対ロシアという二正面作戦の危険を冒したのは、ロシアが勢力を拡大する以前にロシアに攻撃を仕かけた場合の、ドイツの勝算を高く見積もったからであった。したがって、しばらく現状が維持されていただけでも、ドイツ指導部の認識に大きな変化が生まれ、外交による緊張緩和の機運が高まっていたかもしれない。(13)

さらに、第一次大戦を不可避ととらえることも偶然ととらえることをも拒む、第三の反実仮想がある。かりに、暗殺に端を発する戦争開始までを所与とみなしても、戦争が別な仕方で展開し終結する可能性があったかどうか推理すれば、開戦後に戦争の拡大を防止するためのヒントを発見できるかもしれない。

この点において、『国際紛争を読み解く』（*Understanding International Relations*, 邦題は『国際紛争』）で四つの反実史を呈示し、世界大戦への拡大が時々の人間の選択の所産であったという結論を導くナイ（Joseph. S. Nye, Jr.）の議論には説得力がある。(14)

ナイの第一の仮想は、ヴィルヘルム二世（カイゼル）がオーストリアを支援するが、戦線拡大のリスクを見越して、大規模な部隊を投入しなかったというシナリオである。その場合皇太子暗殺は、オーストリア－セルビア戦争という局地戦のみを引き起こした事件として記憶されたであろう。

第二は、暗殺の結果オーストリア、セルビアそれぞれの支援国であるドイツとロシアによる代理戦争が勃発したが、ドイツがベルギーにもフランスにも手を出さなかったというシナリオである。この独露戦争は、普仏戦争のようなヨーロッパの一地域に限定された戦争として停戦を迎えたに違いない。

第三は、イギリスが中立を貫き通すというシナリオである。ヨーロッパ大陸各地でドイツ、オーストリア対フランス、ロシアという二方面戦争が戦われるが、それは世界戦争に拡大せずに終結する。

もし、フランスを迂回してベルギーに侵入するような奇策を思いつかずに、ドイツがフランスと国境付近のみで戦っていたならば、イギリスが参戦する確率はかなり低かった。ドイツがベルギーの中立を踏みにじったことが、イギリス自由党内で開戦派が反戦派を制するきっかけになったことをふまえると、信憑性ある仮想といえるであろう。

さらに、アメリカが参戦に踏み切れないまま終戦を迎えるというナイの第四のシナリオも、現実味をともなっている。この場合にも戦争の性格は、なおヨーロッパ内戦争であり世界大戦ではない。

実際に、アメリカ人一二八名が犠牲になったドイツ潜水艦による客船ルシタニア号の撃沈と、ドイツがメキシコ政府へ送った「アメリカからの領土奪還にドイツが加勢する」という電報をイギリスが傍受するという事件が重ならなければ、孤立志向の強かったアメリカが重い腰を上げずにいた可能性は無視できない。

いずれにしても、思考実験としてのナイの反実仮想が浮き彫りにしているのは、第一次世界大戦が（それが起こった以上）確率の高い出来事ではあったが、人間が制御できない出来事ではなく、節目における人間の選択がその性格と方向を決定づけていたという点である。

不可抗力による行為とは違い、選択による行為に対して歴史家は行為者の責任を追及することができる。戦争以外の選択の幅を狭めてしまったことに最大の過誤を見出すナイは、当時得られたであろう有力な代替オプションのほとんどすべてを仮想して、戦争の予防策の決め手が、「多くの選択肢を残しておくことにある」という教訓を導いたのである。

2　勝者の解毒剤——原爆投下の道義性

国際関係論における反実仮想は、より賢くなるべき人類にむけて教訓を語っていた。しかし戦争を振り返る人間のなかには、当該の戦争の「勝者」と「敗者」が含まれている。それぞれにおいて戦争の意義づけが異なるように、戦争をめぐる仮想の技法と内容もまた同一ではない。

たとえば、同じ第二次大戦を語るにしても、勝者であれば「もし、連合国側が敗北を喫していれば、全体主義の君臨する暗黒の世界が訪れていた」という仮想を用いて、「戦争はどのような手段を使っても早期に終結させなければならなかった」という言説へ移行し、都市への無差別空爆や原爆投下という残虐行為をあらためて正当化することもできる。

歴史は勝者が描くものか

モーゲンソーは、戦争の背景のひとつが「戦争を他の悪より小さい悪だと思わせる、人間の精神状態である」と述べたが、このことは過去の戦争の正当化にもあてはまる。(15)もちろん、ここでモーゲンソーのいう「他の悪」、すなわち戦争という「次悪」を用いてでも阻止したかった「最悪」は、実際には起こらなかった。したがって、最悪は、つねに反実史という架空の世界に登場するのである。

たとえば、ベトナム戦争以外にこれといった敗北を経験したことのないアメリカ合衆国の公定の歴史には、史実に反する三つの代表的な仮想が挿入されている。「もし、独立革命がイギリスによって潰されていたら」、「もし、南北戦争で南が勝利していたら」、そして「もし、第二次大戦でドイツと日本が勝利していたら」、である。この最後の仮想の対象にソ連という全体主義を加えれば、「もし、世界が全体主義に染まっていたら」ということになろう。

「この世の終わり」を暗示させる反実史によって、勝者は勝利が偶然ではなく、正義の裏づけを得ていたことを自己確認し、非道を尽くしても悪を退治した勇気を自讃する。アメリカ人が正義について語る際に自信を抱く理由のひとつは、このような過去についての語りにあるのかもしれない。その意味で、「歴史は勝者によって書かれる」というのは至言であろう。

もちろん、勝者の語りの多くは、実証史学の検証に堪えうるものではない。しかし、「ニュー・ヒストリー」の立場からこのような言説とその語り手の認識を分析してゆくと、戦争の記憶をめぐる本質的な問題を浮かび上がらせることができる。というのは、言説市場に流布している代替史（alternate history）は、語り手（国家）が「正当化しなければならない事柄」、あるいは「語りたくない対象」を映し出すからである。

たとえばメタ－反実史学の先頭を走るフェアフィールド大学のローゼンフェルド（Gavriel Rosenfeld）は、代替史物語（allohistorical tales）の解析を通じて、作者のみならず、それを受容した社会の精神態度をも暴露することができると考えている。

かれの仮説に従うと、「全体主義の勝利」といった「悪夢のシナリオ」（nightmare scenarios）は、現状への満足を表すためのものであり、一方、「もし、日本がワシントン体制のなかで生きてゆく決心をしていれば、破局を防ぐことができた」という「空想のシナリオ」（fantasy scenarios）は、現状への不満に発し、過去が変わればもっとましな現在が得られた、という想いを表すためのものである。(16)

この仮説を、第二次大戦の語りに応用してみよう。連合国側は、戦争で被害を受けたとしても、被害の多くは勝利によって報われたと考える。勝者が「あの戦争は起こらなかったほうがよかった」と想うことはあっても、「勝つべきではなかった」と告白することはまずないであろう。

とはいえ、勝者の場合も、敗者に加えた危害について良心の責めを免れているわけではない。それどころか、勝利の熱狂や興奮が冷めるにつれて、勝者の残虐行為の証拠も掘り起こされ、戦争解釈の修正主義が台頭してくるかもしれない。そこで勝者は、戦争中の行為を追認し、「戦争の正当性」についての語りをつねに更新せざるを得ない場に立たされる。

たとえば、ツキディデスの『戦史』に描かれる政治家クレオンが、反乱を企てたミュティレネへの厳罰（死罪）を提案する際に、アテナイ人にむかってこう語っている。「もしかれらが勝っていたなら、諸君はどんなひどい目にあわされていたことか。とりわけ加害者としてことを起こしたかれらのことだ、想像できないことはない。理由なくして害をなさんと兵を他国にすすめるものは、その事実を抹殺し危うげなくするために、一人の生存者をも残さず、徹底的な殺戮をなすものだ」[17]。ここには、のちの戦勝者すべてが見習うことになる、罪悪感を中和するためのテクニックがある。

第二次大戦は、第一次大戦と比べ「勝者の悔恨」といえるものは少ない。この戦争は連合国にとって当初から「悪との戦い」であることが自明であり、なお第一次大戦の戦後処理であるヴェルサイユ体制が「勝者だけの平和」であったのに対し、第二次大戦の戦勝国による占領政策は、歴史的にもまれな成功を収めたとみられるからである。しかしそれゆえに、勝者の反実史に描かれる「もう一つの戦後」は陰画そのものとなる。

たとえば、ケンブリッジ大学出版局の編集した『戦争の歴史』では、第二次大戦の章がつぎのような一節で締めくくられる[18]。生命科学（人種優生学）に基づいて世界地図を塗り変えるというドイツ人のとてつもない野望を考えると、「もし、彼らが勝利していれば、ほとんど想像のできないおぞましい世界が出現していた」。

しかも、そのすぐあとに、「もし、われわれが敗北を喫するならば、世界全体が、中世より不吉な暗黒時代、中世より長引くであろう暗黒時代という深淵に沈むのである」という戦争当時のチャーチルの演説の引用が付されている。

アジア太平洋戦争を「よい戦争」として記憶しているアメリカの語りは、よりいっそう過激である[19]。アメリカにとってこの戦争の記憶の起点は、真珠湾のだまし討ち、中国や東南アジアでの敵陣への銃剣突撃、そして捕虜の虐待に象徴されるような、イエローモンキーにもたとえられる野蛮な日本軍であった。

これは、参戦を躊躇していたアメリカに、「これは戦うべき戦争なのだ」という点を確信させ、士気を高めるのに貢献した。しかもこのような日本軍のイメージは、「残忍かつむこうみずで、情け容赦がなく、しかも狂信的なジャップが」もし、勝利していたら、というアメリカ人の反実仮想において、いまだに褪せることがない[20]。

アメリカの語りのなかの反実仮想

原爆投下についてのアメリカの語りにも、二つの反実仮想が編み込まれている。一つは、原爆を温存したまま「もし、日本本土侵攻作戦を行っていたなら」、沖縄戦が再現されて連合国と日本側双方で数百万の人命が失われていたというものであり、二つは、「もし、日本の降伏が数日遅れていたなら」、対日交渉におけるソ連の発言力が増し、日本が分割占領されて東京に「ベルリンの壁」が築かれていたというものである。

ソ連の日本侵攻についてカウリー（Robert Cowley）がめぐらす仮想では、「一九四五年に満州とサハリン南部に部隊を展開したソ連が、八月下旬北海道に侵攻を開始して、これを占領する」ことになっている。一方、米軍は台風の季節が過ぎ去った一一月に、予定通り九州上陸を開始して日本を降伏に追い込むが、日本は結局分割統治されるのである。

一九四六年六月のソ連による「ベルリン封鎖」にさいしては、米英が対抗して東京の予防的封鎖を実施する。ほどなく朝鮮戦争が勃発するが、日本を発進基地として朝鮮半島を空爆することにソ連が猛烈に反対し、朝鮮戦争は中国の支援を得た北側に有利なように展開する……。(21) この架空の戦後からは、アメリカのアジア太平洋戦争の言説が、冷戦戦略の正当化とセットになっているのを読みとることができる。

さらにまた、「もし、類似した行為を、他国が行っていたら」という架空の比較も、道義的な追及をかわすテクニックとみなされる。「〔原爆を開発したのが〕ドイツや日本の軍国主義者であっても、間違いなく敵国の都市に原爆を投下していたはずである。当時、アメリカの道義観がとくに退廃していたわけではない。……原爆を持っていたのがアメリカだけだったからこそ、それを使用したのがアメリカだったのである(22)」。民主主義国家アメリカが実験的に投下したのが不幸中の幸いだった、といいたげなこの一節は、反実仮想が良心の呵責の解毒剤であることをよく示している。

いずれにしても、最新の研究では、原爆投下以外の方法で終戦を導く可能性があったことや、本土上陸作戦で予想される犠牲者の数が不当に多く見積もられていたこと、などが明らかにされている。けれども、いったん構築された「正史」は、実証的な歴史研究の成果にも権威として抵抗するのである。[23]

他方で、開発に二〇億ドルを投じた原爆が使用不能な長物とみられれば、ルーズベルトとトルーマンが別の意味での道義的責めを負わされたかもしれない。そう考えると、日本が被爆国にならずにすんだ可能性はきわめて低い、といわざるを得ないのかもしれない。

当時のアメリカの道義心に、他国のそれと大きな違いがあったのか。いやギャディスの分析によると、それは、アメリカ合衆国の正史に盛り込めるほど立派なものではなかった。勝利を得るためにアメリカは、「道義において妥協する必要があった」。

つまり、全体主義者スターリンとも手を組み、原子爆弾を製造、投下したのである。戦いに勝てば、正義を主張することもできる。「勝つという目的に役立つものであれば、もたらされる犠牲が何であれ、受け容れられたのである[24]」。

日本へ原爆を投下した理由のひとつが「アメリカ人の黄色人種差別意識」にあるという点を大胆に指摘したダワー（John W. Dower）の『慈悲なき戦争』（*War without Mercy*）に、「もし、日本側が勝利していたら、どのような戦犯法廷が開かれていたか」という反実仮想がつづられている。

やや座りの悪いこの架空裁判では、米英によるアジアの植民地支配、ワシントン会議以来の日本弱体化のための共同謀議、そして都市空爆という残虐行為、などの罪状が読みあげられるのである。(25)すでに史学の境界を踏み越えてはいるが、これを書いたのがアメリカの歴史学者だということを考えると、ここには「戦争における正義の交錯」について、国家を超えた真理が含まれているのかもしれない。

3　戦後日本のアフォリズムと反実仮想

反実史によって自己の正義を確証する勝者のかたわらで、敗者はなにを仮想すればよいのだろうか。「負ける戦争に打って出た」という不覚をそのまま裏返せば、「もし、戦争を仕かけなければ」、あるいは「もし、別な戦い方をしていれば」、「もし、もっと早くやめておけば」という悔恨になる。実際に、マキアヴェリからクラウゼヴィッツを経て、第一次大戦時の戦略家に至るまでの戦争論は、なんらかの敗戦をきっかけとして、「どのような方法をもってすれば次回の戦争に負けないか」を指南する戦訓集であった。

さらに、反実仮想の役割のひとつが悔い改めさせることにあるのだとしたら、これを活用すべきは、「不当な戦争」に手を染めて近隣諸国に多大な迷惑をかけたドイツや日本ということになるだろう。

日本の悔恨

一九五一年に吉田茂首相（当時）の命により外務省の政務局政務課長（当時）斉藤鎮男たちが作成し、二〇〇三年になってようやく公表された外務省極秘文書「日本外交の過誤」は、この種の反実仮想とアフォリズムで満たされている。

「かりに、あの際日本が隠忍自重して、戦争に入っていなかったと仮定したら、どうだろうか。戦争を前提とするからこそ、石油も足りない、屑鉄も足りない、ジリ貧だということになる。しかし戦争さえしなければ、生きて行くのに不足はなかったはずである」(26)。

この文書は、独ソ開戦を知って日独伊三国側にソ連を引き込むという夢が潰えたとき、「もし、三国条約を御破算にしていたら」、事態打開のための「日米交渉にも本気でとりかかれたであろう」と真剣に論じている。

たとえば、日本の破局を不可逆にした時点はどこかと歴史家が問えば、すでに if を用いて思考していることになる。その応答として歴史家は、「もし、日英同盟を破棄しなかったならば」、また「もし、幣原喜重郎外相の敷いたワシントン体制遵守政策ならびに対中国不干渉政策を引き継いでいれば」、あるいは「もし、米英とことを構えることさえしなかったならば」、日本はよりましな道をたどっていたであろう、という推論に行き着くのである(27)。

ハーヴァード大学の入江昭も、反実仮想をふんだんに交えてアジア太平洋戦争の教訓を語る。もし、日米開戦直前に「近衛文麿が望んだルーズベルトとの頂上会談が実現していれば、あるいはもし、近衛が陸軍参謀の説得を忍耐強く続けていたならば」、日本軍が作戦準備を完了するまえに冬が到来し、統帥部も作戦遂行の延期を決定したかもしれない。そうすれば、その間にアメリカが海軍力のバランスを回復していたであろうし、日本の対米認識も変わっていたかもしれない。[28]

とはいえ、日本人の反実仮想には、加害者であり同時に敗者であるという二重アイデンティティが投射されているためか、歯切れの悪さが目立っている。かつて吉田茂が口にしたいまひとつの回想に「敗戦もそれほど悪くない」というのがあるが、かれの歴史認識では、軍部という癌を切除してくれたのがアメリカであった。

しかもアメリカは、第一次大戦まで勝者が敗者に必ず加えた仕打ちを繰り返さなかったばかりか、ソ連の脅威から日本を救ってくれた。戦後、軍事的な勢力になることをあきらめて経済立国を目指した日本が、他国のうらやむ成功を勝ち（負け）取ったことを考えあわせると、むしろ「敗戦こそが最善であった」という解釈も成り立つのである。

その場合に、ifを使って「もし、日本が勝利していたか、いやそうでなくとも無条件降伏ではなく停戦で決着し、その後のアメリカ軍による占領がなかったら」というふうにシミュレーションしていけば、日本に軍国主義が生き残ることになり、語り手は、脱軍国化の道と民主化の行方についても、あわせて仮想しなければならなくなる。

しかも、戦争を放棄した日本が、この先「戦争か否か」の決断を迫られることはありそうにない。だとすれば、「破局を免れた」のまえにおかれるifは、日本がアメリカとの協調や同盟を第一に考えることが、今後の日本にとっても大切だという点を暗示しているように読むことができる。

入江昭によると、日本にとってのアジア太平洋戦争の教訓のひとつは、「アメリカの意思を過小評価するのは誤りである」ことと、「アメリカ人を怒らせることは重大な間違いである」ことに要約される(29)。今日、アメリカとの関係に亀裂が入ったり、反米派が勢いを増すと、アジア太平洋戦争の教訓がしきりと語られるゆえんであろう。

現代への教訓を引き出す

これとは別に、アジア太平洋戦争の回避の可能性を推理する者のなかには、大陸への膨張が日本の宿命であったわけではないことを論ずるため、可変数をターニングポイントとしての「日清戦争」と「満州事変」に設定する者がある。

戦争に頼らずに、資源奪取という手法によらずに国民国家を形成するシナリオを仮想した荒川章二は、もし日清戦争の勝利がなければ、大軍拡も銃後世界の形成もなく、植民地台湾の獲得もなかった、と小気味よく推理してゆく(30)。

さらに、「負けなかった」日露戦争を「勝った」戦争と取り違えることがなければ、賠償を獲得できなかったというフラストレーションも湧かず、ポーツマスの停戦調停でロシアの肩を持つアメリカに敵意を抱くこともなかった。

一方、木畑洋一は、一九三一年の満州事変がほぼすべての起点になったとみている。この事件は、アジア・モンロー主義宣言から華北分離工作に至る日本の大陸膨張の発火点であるのみならず、国際社会の監視をアジアにひきつけ、「アジアとヨーロッパの状況が連動する」契機をもたらした。

木畑は、「もし、満州事変での日本の中国侵略が効果的に抑えられていれば」という推理を繰り広げるなかで、「歴史の探求において、このような〈もし〉という問いを発することにはつねに慎重さが求められるが、この〈もし〉の意味はきわめて大きい」と述べている[31]。

このような反実仮想が放つメッセージは、先の「米英との協調」というシミュレーションのそれとは異なっている。むしろそれは、アメリカから再軍備要請や自衛隊派遣要請という圧力を受けながらも、戦後日本が貫き通した非戦主義の擁護であり正当化である。

資源小国の日本は、もともと戦争や拡大という力による外交にはむいておらず、アジア近隣諸国との友好的共存を図るしか道はなかった。これからも、そうであろう。このようなアフォリズムには、「もし、アメリカと協調していれば」よりも、「もし、アジア諸国を大事にしていれば」という反実仮想のほうがマッチするのである。

さらに、反実仮想の手法を用いながら、軍部や官僚などの「組織」についてのなんらかの教訓を導き出そうとする者も多い。実際に、戦争史家・池田清がいうように、日中戦争開始からアジア太平洋戦争にいたる日本の戦争指導体制は、「それぞれの馬が勝手な方向に突っ走ろうとして動きの取れない、政府、陸軍、海軍の三頭立ての馬車に似ていた[32]」。

戦争の原因を日本における真の決定者の不在に求め、軍のセクショナリズム、軍参謀の無責任体質、軍の圧力に屈する政治家のふがいなさに注目すれば、田原総一朗のいう「もし、日本に独裁者がいれば、戦争を防ぐことができた」という反実仮想にも説得力を持たせることができる[33]。日本の組織における欠陥を念頭におくこうした教訓は、現代日本の指導者たちへの警鐘なのである。

いまいちどローゼンフェルドの解釈図式を想い起こすならば、実際よりましな過去を空想する場合、語り手はそこに現状への不満や批判を込めている。それでは、アジア太平洋戦争の反実史の語り手が批判の矛先を向ける現状とはなにかを問えば、それは、変わらぬ政治家の体たらくや外交官のアメリカ追随姿勢、あるいはリーダーシップや責任感覚の欠如、また政策決定過程の不透明ということになるだろう。

それほど、アジア太平洋戦争という過去が、直喩あるいは隠喩として日本人の思考を枠づけ、戦後六〇年以上経た今日においてなお、日本人は「戦争から得たものの見方や記憶などに応じて、国家の問題や世界戦略に対する自身の定義を作り出しているのである[34]」。

おわりに

戦争から教訓を引き出すのに、反実仮想がどのような役割を果たし得るかみてきた。戦争の予防策の検討など、歴史を語ることの目的がはっきりしている場合には、過去の戦争における一つの変数を取り消し、あるいはそれをほかの変数と取り替えて結果がどう変わっていたかを推理することは、平和の手掛かりを得るためには有効である。

しかし、戦争の過程で「起こったかもしれない」出来事について論ずる意義は、それにとどまらない。反実仮想という技法は、ニュー・ヒストリーやポストモダン史学とも連携して、国民の正史、戦争の公定史を脱構築し、「語られなかった歴史」を発掘する可能性を帯びている。[35]

もとより、「過去」としての戦争が「語られる」ことによりはじめてその容貌を表すのだとすれば、勝者、敗者、多数派、少数派の別なく、なるべく多くの語り手がそれぞれの立場から言説市場に参入し、複眼的な戦争観を構成できるようにしなければならない。しかし、過去の再構成という作業には、つねに「史学における実証性」という壁と、「正史の権威」という壁がたちはだかっている。

なるほど、自由民主主義社会では、公定的な歴史解釈や皇国史観をあからさまに強制される恐れはなくなった。しかし、いわゆる言論の自由に裏付けられた歴史論争といわれるものでも、そのような複数の壁が障害となって、ある一定の枠のみで振幅していることが多い。[36]そのことは、アメリカにおける原爆投下やベトナム戦争の論争、日本や北東アジア諸国における戦後責任や靖国の論争も含めて、とりわけ戦争をめぐる言説に当てはまる。[37]

いずこにおいても、戦争の記憶は、正義や道徳についての現国民のものの見方を強く規定する。そのため、戦勝国と敗戦国、加害国と被害国など各国の正史を和解させる作業が著しく困難になるのである。その意味で反実仮想は、それが「歴史の捏造」「過去の歪曲」という批判を浴びたとしても、一方で「勝者による歴史」に国を超えて揺さぶりをかけ、他方で、各国正史が歴史的想像力に対して行使する権威に、風穴を開けてくれるに違いない。

あとがき

本書は、これまで著者が発表してきた国際政治思想に関する論考を基にしている。初出はつぎのとおりである。

序　章　書き下ろし
第1章　「国家理性の系譜学」『青山国際政経論集』四四号、一九九八年
第2章　「カント・モーメント――ヨーロッパの平和実践における人間意思と理念の役割」大芝亮・山内進編著『衝突と和解のヨーロッパ――ユーロ・グローバリズムの挑戦』ミネルヴァ書房、二〇〇七年
第3章　「グローバル化と共同体論の位相転換――コスモポリタン－コミュニタリアン論争の行方」政治思想学会編『政治思想研究』九号、風行社、二〇〇九年

第4章　「介入はいかなる正義にもとづきうるか――誤用と濫用を排して」『思想』九九三号、岩波書店、二〇〇七年
第5章　「民主主義と武力行使――冷戦終焉後の展開とイラク戦争による転回」日本政治学会編『年報政治学2007－I：戦争と政治学』木鐸社、二〇〇七年
第6章　書き下ろし
第7章　「戦争のもうひとつの語り方――国際関係における反実仮想の効用」『思想』九八四号、岩波書店、二〇〇六年

近代ヨーロッパ政治思想の研究から出発した著者が「国際政治思想学」を目指すに至った理由を、尋ねられることが多い。研究方向を修正したという自覚があまりないため、これまで明快に答えることができなかったが、三冊目の単著となる本書を上梓したいま振り返ると、つぎのような理由があったのではないかと思う。

まず、モンテスキュー研究において、著者はとくにかれの「事物の本性論」にもとづいた「主権論批判」に焦点を合わせた。思想家のモノグラフである『モンテスキューの政治理論――自由の歴史的位相』（早稲田大学出版部、一九九六年）を刊行したあとも、主権論批判の系譜に興味を失わずにいた。このことが、国際政治思想研究に舵を切る動機になった気がする。

つぎに、著者の留学先のフランスでは、バカロレア（大学入学資格試験）に「哲学試験」がある

という国柄から、政治学は思想論や文明論と深い関係を保っていた。さらに、冷戦崩壊、欧州統合の深化というヨーロッパの地殻変動のなかで、哲学者も政策サークルに入って発言していた。政治を広い時空でとらえることを目指し、思想と国際政治の関係に興味が湧いたのも、その影響が大きかったのではないか。

最後に、一九九三年から著者が身を置くことになった職場の環境も無視できないだろう。青山学院大学国際政治経済学部国際政治学科では、スタッフのほぼすべてが国際政治の専攻であった。赴任した当初、学科には永井陽之助先生、池田清先生、山本満先生、村田良平先生、阪中友久先生という学界の大御所がおられたが、研究会やプロジェクトなどにおいてスタッフは温かくも著者を「異端児」ではなく同僚として扱って下さった。そこで得た情報や交わしたコミュニケーションもまた、著者を国際政治思想に向かわせるのに重要な役割を果たしたに違いない。

いずれにしても、国際政治思想の研究を始めてみて、政治思想学と国際政治学という二つの学問では前提、発想、流儀が天と地ほど異なるということがわかった。とくに両者の「時間感覚」の隔たりや問題解決の提示の仕方の違いには、いまでも架橋しがたいものがあると感じている。

たとえば古典古代ギリシアを扱う場合、政治思想研究者はプラトンやアリストテレスによって理想化されたアテナイの姿を、公共性や人倫共同体のモデルとして描き出す。これに対して国際政治学がギリシアに注目する場合、アテナイとは、『戦史』でツキディデスが冷徹に描いた帝国であり、ポリス相互の関係は勢力均衡政治の原型であった。

さらに、政治思想学は「個人主義の行き過ぎのなかで公共空間をどのように取り戻すか」といった問いを立てて、思想家のテキストから現代的課題への処方を引き出すことが多い。政治思想研究者は切迫感や危機感を強く持つわりに、時間にはあまり縛られずに主題を論じているようにもみえる。

しかし、「戦争をいかに防ぐか」といった現実的問題を突きつけられている国際政治学では、ものごとを解決に導かなければならない時間のリミットがあった。国際政治学とは、どのぐらいのタームで議論しているのか、その解決策には即効性や実効性があるのかという点を、つねに意識せざるを得ない学問だといえるかもしれない。

そして、このような隔たりに気づいた著者は、国際政治思想の聴衆をどこに設定したらよいか、という問題に悩み続けることになった。本書をお読みいただければわかるように、最終的に著者は聴衆を「やや国際政治学者寄り」に設定している。

その理由は、多くの国際政治学者たちとの交流や討論を通じて、かれらもまた二一世紀の国際政治を導くグランドセオリー、そして思想や哲学を真剣に探し求めていることを知ったからであり、さらにまた、国際政治学者の問題関心に応えられるように政治思想を翻訳する、という作業をだれかが手掛けねばならないと考えたからである。

本書に「生存・秩序・正義」という副題を付したのも、それが国際政治思想を貫く三つの「実践的なテーマ」であるからにほかならなかった。もとより国際政治とは、昔も今も国家を中心とした各ユニットが「生存」を確保するためのアリーナである。しかし今日、生存の確保の仕方は、かつてのように国家間の「秩序」を犠牲にしてでも行うものから、他国との共存を図りながら行うものに変化した。

しかしながら、共存の名のもとに築かれる秩序には、周辺や少数者を無視した帝国的な秩序もあれば、すさまじい経済格差を内包したままの秩序もある。既存の秩序をいかに「正義」にかなったものにするか。これこそが、今日の国際政治の最大の課題のひとつといえるだろう。本書を書き進めるにあたって、つねにその点を念頭に置いたつもりである。

もちろん、国際政治思想を論ずるのに、本書とは異なった方法があるに違いない。たとえば、古代より個々の思想家を取り上げて論評する方法、平和、同盟、勢力均衡などといった概念の系譜を明らかにする方法、さらにディスコース分析やナラティブ分析を駆使して、現実主義や理想主義の隠れた前提や価値観を明るみに出す方法などが思い浮かぶ（著者も、この視点に立った国家やナショナリズムの論考を別の一書にまとめるべく、準備を進めている）。

いずれにしても、本書が志を同じくする研究者が新たな方法の開拓を思い立つための触媒となるならば、著者にとってこれに勝る喜びはないだろう。

＊

国際政治思想の研究を手探りで進めてゆくにあたっては、多くの方々のお世話になった。

とくに政治思想研究にお導き下さった恩師、故藤原保信先生、格差の問題へ眼を開かせて下さった国際経済の西川潤先生、種々の平和研究プロジェクトにお誘いいただいている政治思想史の千葉眞先生、ほかにも外交史の渡邉昭夫先生、法制史の山内進先生、国際関係理論の Hidemi Suganami 先生、社会思想史の山脇直司先生、ロシア政治の袴田茂樹先生、中国政治の天児慧先生、比較政治の Philippe Schmitter 先生、国際政治の山本吉宣先生、安全保障論の土山實男先生からは、研究の節々でさまざまな助言をいただいている。あらためて感謝を申し上げたい。

さらに、内田孟男、滝田賢治、Jean-Marc Coicaud、河野勝、飯田敬輔、太田宏、遠藤乾、篠田英朗、齋藤純一、山岡龍一、眞柄秀子、井戸正伸、五野井郁夫、神島裕子、中山俊宏、松森奈津子、高橋良輔、内田智各氏との研究会やプロジェクトで戦わせた議論、かれらから寄せられたコメントもまた、各論文にフィードバックされている。記してお礼を述べたい。

なお、本書は、青山学院大学国際政治経済学会の助成を得て刊行される。手続きの労をとられた品川奈々子さんならびに関係各位にお礼を申し上げたい。本書を担当された勁草書房の上原正信氏には、書物としての完成度を高めるために改善すべき部分を、細部にわたって指摘していただいた。心から感謝を申し述べたい。

押村　高

押村 高（おしむら たかし）

1956年東京生まれ。早稲田大学政治経済学部卒業。パリ第二大学大学院博士課程留学，D.E.A.（Science Politique）取得。早稲田大学大学院政治学研究科博士課程修了，博士（政治学）。パリ第二大学・パリ社会科学高等研究院客員研究員などを経て，

現在：青山学院大学国際政治経済学部教授。専門は政治思想史，国際関係論，ヨーロッパ地域研究など。

著作：『国際正義の論理』（講談社現代新書，2008年），『モンテスキューの政治理論——自由の歴史的位相』（早稲田大学出版部，1996年），『帝国アメリカのイメージ——国際社会との広がるギャップ』（編著，早稲田大学出版部，2004年），イアン・クラークほか編『国際関係思想史——論争の座標軸』（訳者共同代表，新評論，2003年）など。

国際政治思想　生存・秩序・正義

2010年6月20日　第1版第1刷発行

著者　押《おし》村《むら》　高《たかし》

発行者　井村寿人

発行所　株式会社　勁《けい》草《そう》書房

112-0005　東京都文京区水道2-1-1　振替　00150-2-175253
（編集）電話　03-3815-5277／FAX　03-3814-6968
（営業）電話　03-3814-6861／FAX　03-3814-6854
理想社・青木製本

ISBN978-4-326-35152-7　Printed in Japan

http://www.keisoshobo.co.jp

事項索引

ア　行

カ　行

サ　行

タ　行

マ　行

ヤ　行

ラ　行

ワ　行

アルファベット

人名索引

ア　行

カ　行

カンパネッラ（Tommaso Campanella） 44
キケロ（Cicero） 16, 23, 26, 39, 96
キッシンジャー（Henry Kissinger） 3, 20
ギッチャルディーニ（Francesco Guicciardini） 32
木畑洋一 242–43
ギャディス（John Lewis Gaddis） 223, 228, 238
クシュネール（Bernard Kouchner） 129
クーデンホーフ・カレルギー（Richard Coudenhove-Kalergi） 82
クラウゼヴィッツ（Carl von Clausewitz） 239
クラーク（Ian Clark） 14
クラーク（Jonathan Clarke） 173–74
クリストル（Irving Kristol） 132
クリュシッポス（Chrysippus） 100
グリーン（T. H. Green） 110
グレアム（Gordon Graham） 141
クレアンテス（Cleantes） 100
クレイグ（Gordon A. Craig） 225
クレオン（Cleon） 235
クローチェ（Benedetto Croce） 33–34
グロティウス（Hugo Grotius） 6–9, 11, 14, 24–25, 63, 71–72, 137
クーン（Thomas Kuhn） 18, 20
ケーガン（Robert Kagan） 132
ケナン（George Kennan） 3, 60
小泉純一郎 138, 169
コーエン（Robin Cohen） 65
近衛文麿 240–41
コブデン（Richard Cobden） 80
コンリング（Hermann Conring） 54

サ 行

斉藤鎮男 240
ザルカ（Yves Charles Zalka） 32
サンデル（Michael Sandel） 204
サン・ピエール（Charles Saint-Pierre） 3, 71–73
ジェンティリ（Alberico Gentili） 44
幣原喜重郎 240
ジマーン（Alfred Zimmern） 84
ジャン（Jean de Salisbury） 35
シュミット（Carl Schmitt） 185
シュレーダー（Gerhard Schröder） 167
ショインカ（Wọlé Sóyinká） 158
ジョージ（Alexander L. George） 225
ショットウェル（James T. Shotwell） 85
ジョンソン（James Turner Johnson） 132
シラク（Jacques Chirac） 139
シンガー（Peter Singer） 26, 133, 199–203
スアレス（Francisco Suárez） 7, 71
スガナミ（Hidemi Suganami） 123
スキャンロン（Thomas M. Scanlon） 115
スターリン（Joseph Stalin） 238
スピノザ（Baruch De Spinoza） 14
スネラール（Michel Senellart） 35
スミス（Adam Smith） 27
スミス（Anthony Smith） 112
ゼノン（Zenon） 100
セン（Amartya Sen） 4, 26–27
ソロン（Solon） 30

タ　行

ダヴェナント（Charles Davenant）　*54*
ダナリー（Thomas Donnelly）　*132*
ダミラヴィル（É. N. Damilaville）　*160*
ダルマイヤー（Fred Dallmayr）　*27*
ダワー（John W. Dower）　*238*
田原総一郎　*244*
チェイニー（Dick Cheney）　*176*
チャーチル（Winston Churchill）　*236*
ツキディデス（Tucydides）　*11, 16, 235*
ティエリ（Frederic Thierry）　*80*
ディキンソン（G. Lowes Dickinson）　*85*
ティックナー（Ann Tickner）　*19*
テイラー（Charles Taylor）　*105, 204*
テソン（Fernando R. Teson）　*156, 158*
テネット（George J. Tenet）　*176*
デリダ（Jacques Derrida）　*4*
デルラ・カーサ（Giovannni della Casa）　*32*
ドゥウォーキン（Ronald Dworkin）　*131*
ドブソン（Andrew Dobson）　*107*
トムソン（William R. Thompson）　*229*
トルーマン（Harry S. Truman）　*238*

ナ　行

ナイ（Joseph S. Nye, Jr.）　*230–32*
ナッセン（Torbjörn L. Knutsen）　*14, 66*
ナーディン（Terry Nardin）　*110*
ニコライディス（Kalypso Nicolaidis）　*64*
ニコルソン（Michael Nicholson）　*228*
ヌスバウム（Martha Nussbaum）　*4, 26*
ノイマン（Iver B. Newmann）　*14*
ノージック（Robert Nozick）　*199*
ノーデ（Gabriel Naudé）　*52–53*

ハ　行

ハイエク（Friedrich von Hayek）　*199*
バウチャー（David Boucher）　*9–12, 110*
バーク（Edmund Burke）　*7–8, 14, 16*
パスカル（Blaise Pascal）　*14, 23*
バスチド（Augustin Bastid）　*80*
バーチル（Scott Burchill）　*58*
ハーパー（Stefan Halper）　*173–74*
ハーバーマス（Jürgen Habermas）　*5, 79, 119*
バリー（Brian Barry）　*111, 115–17*
バリット（Elihu Burritt）　*80*
バーリン（Isaiah Berlin）　*37*
パルタ（Paolo Paruta）　*33*
ハルペリン（Morton H. Halperin）　*165, 175*
ハンチントン（Samuel P. Huntington）　*27*
ビスマルク（Otto von Bismarck）　*58, 230*
ヒトラー（Adolf Hitler）　*148, 223–24, 227*
ヒューム（David Hume）　*14*
ファイン（Robert Fine）　*65*

フィヒテ（Johann Gottlieb Fichte） *22, 38*
フェヌロン（Chateau de La Motte Fénelon） *14*
フォーク（Richard Falk） *132*
ブキャナン（Allen Buchanan） *153*
フーコー（Michel Foucault） *4, 20, 35–36*
フセイン（Saddam Hussein） *173, 178, 181*
ブッゲ（Peter Bugge） *82*
ブッシュ（George W. Bush） *128, 132–33, 146, 168, 176*
ブース（Ken Booth） *68*
ブート（Max Boot） *132*
ブラウン（Chris Brown） *9, 12–13, 99, 109–10, 137*
プラトン（Plato） *22, 26, 30*
フリードリヒ二世（Friedrich II） *10, 36, 54–55*
ブル（Hedley Bull） *8–12*
ブレア（Tony Blair） *168–69, 176*
ブレナン（Timothy Brennan） *92*
フロスト（Mervyn Frost） *105, 118, 121–22, 162, 205*
ベイツ（Charles R. Beitz） *26, 106–08, 208, 211, 213–15*
ヘーゲル（Friedrich Hegel） *7, 11–13, 22, 24, 38, 54–57, 99, 102, 104–06, 121–22*
ベッターティ（Mario Bettati） *146*
ペティ（William Petty） *54*
ベルルスコーニ（Silvio Berlusconi） *168–69*
ベンサム（Jeremy Bentham） *14*
ボザンケト（Bernard Bosanquet） *110*
ポスト（Gaines Post） *35*
ボダン（Jean Bodin） *22, 48*
ボッカリーニ（Traiano Boccalini） *33*
ポッゲ（Thomas Pogge） *4, 213, 215–18*
ホッファー（Eric Hoffer） *223*
ホッブズ（Thomas Hobbes） *2, 6–11, 14, 22, 34, 67, 69, 70, 92–93*
ボテロ（Giovanni Botero） *10, 32–33, 44–50, 52*
ホフマン（Stanley Hoffmann） *2, 20*
ホロウィッツ（Donald L. Horowitz） *180*

マ　行

マイネッケ（Friedrich Meinecke） *33, 37–38, 44*
マキアヴェリ（Niccolò Machiavelli） *7–8, 10–11, 30, 33–46, 48–49, 54, 60, 239*
マクニール（William H. McNeill） *226, 228*
マコーミック（Neil MacCormick） *116*
マサリク（Toáš Garrigue Masaryk） *82*
マッキンタイア（Alasdair MacIntyre） *204*
マッティ（Rodolfo de Mattei） *32*
マルクス（Karl Marx） *11*
ミトラニー（David Mitrany） *84*
ミラー（David Miller） *111–12, 116–17, 211–12*
ミル（John Stuart Mill） *25, 131*
ムレン（Jacob ter Meulen） *82*
メイ（Earnest R. May） *224*
モア（Thomas More） *22*

モーゲンソー（Hans J. Morgenthau）　*3, 8, 20, 59–60, 233*
モンテスキュー（Charles-Louis de Montesquieu）　*14, 23*
モンテーニュ（Michel Eyquem de Montaigne）　*14*

ヤ　行

ヤーン（Beate Jahn）　*15*
ヤング（Iris Marion Young）　*195–99*
ユーゴー（Victor Hugo）　*80, 81*
吉田茂　*240–41*

ラ　行

ラギー（John Ruggie）　*17*
ラクロワ（Justine Lacroix）　*64*
ラムゼイ（Paul Ramsey）　*146*
ランケ（Leopold von Ranke）　*222*
リシュリュー（Richelieu）　*33, 47, 49–52*
リンクレイター（Andrew Linklater）　*27, 109, 118–20, 122*
ルイ十四世（Louis XIV）　*103*
ルーズベルト（Franklin D. Roosevelt）　*238, 240*
ルソー（Jean-Jacques Rousseau）　*22–23, 34, 66, 73, 160*
ルボウ（Richard Ned Lebow）　*230*
レナード（Mark Leonard）　*149*
レーニン（Vladimir Lenin）　*7*
ローズ（Gideon Rose）　*132*
ローゼンフェルド（Gavriel Rosenfeld）　*234, 244*
ロック（John Locke）　*7*
ロールズ（John Rawls）　*4, 96–97, 109, 156–57, 203–04, 206–09, 211–14,*

ワ　行

ワイト（Martin Wight）　*2, 6–12, 23, 65, 128*

注

序 章　思想は国際政治とどうかかわるか

1　E. H. Carr, *The Twenty Years' Crisis*, with a New Introduction by Michael Cox (London: Palgrave Macmillan, 2001), pp. 9–11. 井上茂訳『危機の二十年――1919–1939』(岩波文庫, 1996年), 32–37頁。

2　コスモポリタニズムの研究の隆盛を例にあげれば, 2000年以降, つぎのような書物が出版されている。Steven Vertovec and Robin Cohen (eds), *Conceiving Cosmopolitanism: Theory, Context, and Practice* (Oxford: Oxford University Press, 2002); Daniele Archibugi (ed.), *Debating Cosmopolitics* (London & New York: Verso, 2003); Gillian Brock and Harry Brighouse (eds), *The Political Philosophy of Cosmopolitanism* (Cambridge: Cambridge University Press, 2005); Seyla Benhabib, *Another Cosmopolitanism*, ed. by Robert Post (Oxford: Oxford University Press, 2006); Toni Erskine, *Embedded Cosmopolitanism: Duties to Strangers and Enemies in a World of 'Dislocated Communities'* (Oxford: Oxford University Press, 2008); Garrett Wallace Brown, *Grounding Cosmopolitanism: From Kant to the Idea of a Cosmopolitan Constitution* (Edinburgh: Edinburgh University Press, 2010).

日本における国際政治思想研究の隆盛として, 千葉眞による平和思想研究(千葉編『平和の政治思想史』おうふう, 2009年), 山崎望, 五野井郁夫の国境を越えるデモクラシー論(山崎「再配置されるシティズンシップ――政治共同体の変容」『思想』974, 2005年。五野井「世界秩序構想としてのコスモポリタン・デモクラシー――D. ヘルドのデモクラシー論と国際関係思想としての熟議民主主義論の比較考察から」『相関社会科学』16, 2007年), 伊藤恭彦, 神島裕子によるグローバル正義についての論考(伊藤『貧国の放置は罪なのか――グローバルな正義とコスモポリタニズム』人文書院, 2010年。神島「国境を越える「正義の義務」はあるのか――グローバルで社会的な正義の行方」『思想』993, 2008年), 山内進, 松森奈津子による「戦争の正義」に関する研究(山内編『〈正しい戦争〉という思想』勁草書房, 2006年。松森『野蛮から秩序へ――インディア

ス問題とサラマンカ学派』名古屋大学出版会，2009 年)，山中仁美や三牧聖子によるリアリズムの再検討（山中「国際政治をめぐる『理論』と『歴史』――E・H・カーを手がかりとして」『国際法外交雑誌』108 (1)，2009 年。三牧「『危機の二十年』(1939) の国際政治観――パシフィズムとの共鳴」『年報政治学 2008』，2008 年」）などをあげておきたい。

3　ヴァスケズ（John A. Vasquez）は，フーコーやリオタールらのポストモダニズムが国際関係論に与えた影響として，①モダニティーが普遍ではないことの証明，②「理性的選択の結果としての歴史」という考え方への懐疑，③現実が社会的構築物であることの暴露，④言葉が現実の反映なのではなく，現実が言葉によってつくられるという考え方の採用，⑤パワーとアイデンティティ形成との関係の解明，の 5 点を指摘して，これらの影響を受けた思想家としてアシュレー（Richard Ashley)，シャピロ（Michael Shapiro)，ダーデリアン（James Der Derian)，ウォーカー（R. B. J. Walker)，キャンベル（David Campbell)，ジョージ（Jim George)，クレイン（Bradley Klein）などをあげている。John A. Vasquez, *The Power of Power Politics: From Classical Realism to Neotraditionalism* (Cambridge: Cambridge University Press, 1998), pp. 214–20.

4　Martin Wight, *International Theory: The Three Traditions*, ed. by Gabriel Wight and Brian Porter (New York: Holmes & Meier, 1992), pp. 7–24. 佐藤誠ほか訳『国際理論――三つの伝統』(日本経済評論社，2007 年)，9–31 頁。

5　*Ibid.*, p.24. 邦訳 29 頁。

6　*Ibid.*, p.5. 邦訳 6 頁。

7　Hedley Bull, *Anarchical Society: A Study of Order in World Politics*, 3rd ed. (Hampshire & New York: Palgrave, 2002), pp. 23–26. 臼杵英一訳『国際社会論――アナーキカル・ソサイエティ』(岩波書店，2000 年)，32–35 頁。

8　Hedley Bull, "Martin Wight and the Theory of International Relations: The Second Martin Wight Memorial Lecture", *British Journal of International Studies*, 2 (2), 1976, reprinted in M. Wight, *International Theory*, xx. 佐藤誠訳「マーティン・ワイトと国際関係理論」，佐藤ほか訳『国際理論』，408 頁。

9　H. Bull, *op.cit.*, pp. 39–44. 邦訳 50–55 頁。

10　アーミテージも言うように，「戦争状態として国際関係を描いた先駆者」というワイトらによるホッブズの位置づけとは裏腹に，19 世紀に至るまで，ホッブズによる国際関係についての断片的な記述は，全くといってよいほど国際政治学者の関心の対象にならなかった。国際的な無政府論者というホッブズの位置づけが，ホッブズ自身が国際関係をそのように描いたというよりも，国際関係の自然状態を戦争として認識したかった 19 世紀以降の国際政治学者がホッブズをさかんに援用するようになった結果であるという点については，アーミテージの以下の論文を参照せよ。David Armitage, "Hobbes and the Foundations of Modern International Thought", Annabel Brett and James Tully (eds), *Rethinking the Foundations of Modern Political Thought* (Cambridge: Cambridge University Press, 2006), pp. 219–35.

11　David Boucher, *Political Theories of International Relations: From Thucydides to the Present* (Oxford: Oxford University Press, 1998), pp. 28–43.

12　*Ibid.*, p. 359.

13　*Ibid.*, p. 29.

14　Chris Brown, *International Relations Theory: New Normative Approaches* (Hemel Hempstead: Harvester Wheatsheaf, 1992), p. 12.

15　力と正義の関係については，パスカルが死後出版された『パンセ』(*Pensées*, 1670) で，E. H. カーやブルを予感させるような箴言《しんげん》を残していた。「力のない正義は反対される。なぜなら，悪いやつがいつもいるからである。正義のない力は非難される。したがって，正義と力を一緒におかなければならない」。ここから導かれる，「正しいものが強いか，強いものが正しくなければならない」というパスカルの結論は，まさしく，グローバルな問題の解決のために国連は強制力を持たねばならないし，軍事的強制力のあるアメリカは世界のリーダーになるためにむしろ正当性を身にまとわねばならない，という今日の国際関係の課題を要約しているように思われる。前田陽一・由木康訳『パンセ』(中公文庫，1973 年)，200 頁。

16　同盟がなぜ維持されるかについては，スピノザ『国家論』(*Tractatus Politicus*, 1677) が触れている。いわく「〔同盟は〕それを締結する原因，すなわち損害への恐怖あるいは利得への希望が存在するあいだは，確固として存続する。しかし，両国家のいずれかにこの恐怖あるいは希望がなくなれば，その国家は再び自己の権利のもとに立ち，そして両国家を相互に

結合していた靭帯はおのずから解ける。したがって，各国家は任意のときに同盟を解消する全き権利を保有する」。畠山尚志訳『国家論』（岩波文庫，1940 年），46 頁。

17　同盟が地域的ないし地球的な秩序にもたらす効果については，ヒューム『政治論集』（*Political Discourses*, 1752）が勢力均衡の原理を用いながらつぎのように説明している。「生き残った勢力が，反対や反抗を受けることなしに，一切の目的や企てをやれるようになってはいけない。……強大な権力が一国の手中に帰し，そのため近隣の諸国が無力にされ，自国の権利さえ守れなくなるというようなことがあってもならない」。小松茂夫訳『市民の国について（上）』（岩波文庫，1952 年），26 頁。

18　リベラリストが平和的共存の切り札とみなす「経済的相互依存」については，平和に及ぼす効果をモンテスキュー『法の精神』（*L'Esprit des Lois*, 1748）がその第 20 篇 2 章で定式化していた。「商業の自然の効果は，平和へと向かわせることにある。ともに通商を行っている二つの国民は，相互に依存し助け合うようになる。もし，一方が買うことに利益を持てば，他方は，売ることに利益を持つ。こうして，すべての結びつきは，相互の必要に基づいている」。野田良之ほか訳『法の精神』全 3 巻（岩波書店，1987 年），中巻，139 頁。

19　Torbjörn L. Knutsen, *A History of International Relations Theory* (Manchester: Manchester University Press, 1997); Ian Clark and Iver B. Newmann, *Classical Theories of International Relations* (London: Palgrave Macmillan, 1999). 押村高・飯島昇藏ほか訳『国際関係思想史――論争の座標軸』（新評論，2003 年）; Beate Jahn (ed.), *Classical Theory in International Relations* (Cambridge: Cambridge University Press, 2006).

20　John Gerard Ruggie, "Continuity and Transformation in the World Polity: Toward a Neorealist Synthesis"; Richard K. Ashley, "The Poverty of Neorealism", Robert O. Keohane (ed.), *Neorealism and Its Critics* (New York: Columbia University Press, 1986).

21　Alexander Wendt, "Bridging the Theory/Meta-theory Gap in International Relations", *Review of International Studies*, 17, 1991.

22　Richard Ashley, "Untying the Sovereign State: A Double Reading of the Anarchy Problematique", *Millennium: Journal of International Studies*, 17, 1988 などを参照せよ。

23 R. B. J. Walker, *Inside/Outside: International Relations as Political Theory* (Cambridge: Cambridge University Press, 1992); Ann Tickner, "Beyond Dichotomy: Conversations between International Relations and Feminist Theory", *International Studies Quarterly*, 42 (1), March 1998.

24 この論争の発端は，ホフマンの以下の論文である。Stanley Hoffmann, "An American Social Science: International Relations, *Daedalus*, 106 (3), Summer 1977, pp. 41–60. なお，近年においてこの論争を扱った文献として以下がある。Robert M. A. Crawford and Darryl S. L. Jarvis (ed.), *International Relations, Still an American Science?: Toward Diversity in International Thought* (New York: State University of New York Press, 2000).

25 Martin Wight, "Why is There No International Theory?", Herbert Butterfield and M. Wight (eds.), *Diplomatic Investigations: Essays in the Theory of International Politics* (London: George Allen & Unwin, 1966), p. 31.

26 Michael Ignatieff, *Lesser Evil: Political Ethics in an Age of Terror* (Princeton: Princeton University Press, 2004); Michael Walzer, *Arguing About War* (New Haven: Yale University Press, 2004).

27 http://www.iciss.ca/

28 Andrew Linklater, *The Transformation of Political Community: Ethical Foundations of the Post-Westphalian Era* (Cambridge: Polity Press, 1998); Fred Dallmayr, *Dialogue among Civilizations* (London: Palgrave Macmillan, 2003); "Modalities of Intercultural Dialogue", UNESCO, *Cultural Diversity and Transversal Values: East-West Dialogue on Spiritual and Secular Dynamics* (2006); 押村高『国際正義の論理』(講談社現代新書，2008 年)，第 7 章など参照。

29 Amartya Sen, "Open and Closed Impartiality", *Journal of Philosophy*, 99, 2002.

第 1 章　国家理性論の系譜としての現実主義

1 Platon, *Politeia*, III, 389B.

2 Jacques Maritain, *L'homme et l'Etat, Oeuvres complétes de Jacques Maritain* (Paris: Edition Saint-Paul, 1982–99), 16 vols, no. IX, p. 19.

3　Friedrich Meinecke, *Die Idee der Staatsräson in der neueren Geschichte* (München: R. Oldenbourg, 1957). 菊盛英夫・生松敬三訳『近代史における国家理性の理念』(みすず書房, 1960年), 61頁, 88頁以下参照。

4　Rodolfo de Mattei, Origini e fortuna della locuzione〈Region di Stato〉, *Studi in memoriam di Francesco Ferrara* (Milano, 1934), vol. 1, pp. 177-92.

5　17世紀初頭のドイツ, スペインにおける流行については, 以下を参照せよ。Arnold Oskar Meyer, Zur Geschichte des Wortes Staat, Welt als Geschichte, Jg. 10. 1950. 平城照介訳「Staat(国家)という言葉の歴史に寄せて」, F. ハルトゥング／R. フィーアハウス『伝統社会と近代国家』(岩波書店, 1982年), 27-50頁。

6　"Introduction: Philosophie politique et raison d'Etat," Y. C. Zarka (éd.), *Raison et déraison d'Etat* (Paris: Presses Universitaires de France, 1994), p. 25.

7　F. Meinecke, *op.cit.* 邦訳37頁。

8　Michel Senellart, "La raison d'Etat antimachiavélienne: Essai de problématisation," C. Lazzeri et D. Reynié (éds), *La raison d'Etat: politique et rationalité* (Paris: Presses Universitaires de France, 1992), pp. 18-25.

9　Ernst H. Kantorowicz, *The King's Two Bodies: Study in Mediaeval Political Theology, renewed edition* (Princeton, 1997), p. 107; *Mourir pour la patrie et autres études* (Paris: Presses Universitaires de France, 1984).

10　Gaines Post, "Ratio Publicae Utilitatis, Ratio Status and〈Reason of State〉, 1100-1322," *Studies in Midiaeval Legal Thought, Public Law and the State* (Princeton: Princeton University Press, 1964), pp. 253-69.

11　Michel Foucault, "Omnes et singulatim: Vers une critique de la raison politique," II, 1979, *Le Débat*, no. 41 (1986), pp. 20-35; "La gouvernementalité," no. 54 (1986), pp. 6-15.

12　Carl J. Friedrich, *Constitutional Reason of State: The Survival of the Constitutional Order* (Providence: Brown University Press, 1957), pp. 15-30.

13 Isaiah Berlin, "The Originality of Machiavelli," *New York Review of Books* (November, 1971). 佐々木毅訳「マキアヴェッリの独創性」, 福田歓一・河合秀和編『思想と思想家 バーリン選集 I』(岩波書店, 1983年), 62頁。

14 J. H. M. Salmon が 1974 年にチュービンゲンにおける「国家理性概念の歴史的役割」をめぐるシンポジウムで行った報告による。この報告の内容についてはコヘインが以下の書で紹介している。Nannerl O. Keohane, *Philosophy and the State in France: The Renaissance to the Enlightenment* (Princeton: Princeton University Press, 1980), p. 168.

15 Yves Charles Zarka, "Raison d'Etat," Philippe Raynard et Stéphane Rials dir. *Dictionnaire de philosophie politique* (Paris: Presses Universitaires de France, 1996), p. 532.

16 Machiavelli, *Il principe*, 15. 池田廉訳『君主論』, 会田雄次責任編集『マキアヴェリ(世界の名著 16)』(中央公論社, 1966 年) に収録, 105 頁。

17 Cicero, *De Offisiis*, III, 50.

18 Machiavelli, *Il Principe*, 15. 邦訳 106 頁。

19 *Ibid.*

20 *Ibid.*, 18. 邦訳 113 頁。

21 Machiavelli, *Discorsi*, II, 30. 永井三明訳『政略論』, 会田雄次責任編集『マキアヴェリ(世界の名著 16)』(中央公論社, 1966 年) に収録, 476–77 頁。

22 Machiavelli, *Il Principe*, 3. 邦訳 56 頁。

23 ボテロ, パルタ, アンミラート, ボッカリーニにとって, 道徳的なアナーキストとしてのマキアヴェリがいかにマイナス・イメージを抱かせる存在であったかは, Satya Dtta, *Women and Men in Early Modern Venice: Reassessing History* (Aldershot: Ashgate, 2003), p. 32 を参照せよ。

24 Giovanni Botero, Della Region di Stato (Venise, 1589), *Raison et gouvernement d'Etat en dix livres*, édition de Paris, trad. Par Gabriel Chappuys, 1599, p. 4.

25 *Ibid.*, p. 7.

26 *Ibid.*, p. 4.

27 *Ibid.*, p. 239.

28 *Ibid.*, p. 125.

29 Aggiunte alla Region de Stato, cité par Michel Senellart, "La raison

d'Etat antimachiavélienne," Christian Lazzeri et Dominique Reynié (éds), *La raison d'Etat: politique et rationalité* (Paris: Presses Universitaires de France, 1992), p. 30.

30 *Ibid.*, p. 9.

31 Jean Bodin, *Les six livres de la république*, rééd. (Paris: Librairie Artheme Fayard, 1986), liv. 5, chap. 5, p. 137.

32 Michel Senellart, *Machiavélisme et raison d'Etat* (Paris: Presses Universitaires de France, 1989), pp. 63–67.

33 Richelieu, *Maximes d'Etat ou Testament politique de M. le Cardinal de Richelieu, Seconde Partie* (Paris: Le Breton, 1764), pp. 1–5.

34 *Ibid.*, p. 6.

35 たとえば，以下の主張を参照せよ。「国家を治める人びとの唯一の目的は，公共の利益（intérêts publiques）である。少なくとも，それは個別の利益より優先されなければならない」。*Ibid.*, p. 12; N. O. Keohane, *op.cit.*, p. 176.

36 N. O. Keohane, *op.cit.*, p. 180.

37 Scipione Ammirato, *Discorsi sopra Cornelio Tacito* (Florence, 1594), p. 226, trad. Par Laurent Millet, *Discours politiques et militaries sur C. Tacite* (Paris, 1618), liv. IV, discours 7, De la raison d'Etat.

38 Gabriel Naudé, *Considérations politiques sure les coups d'Etat* (1639), éd. Par Louis Martin (Paris: Les Editions de Paris, 1988), p. 101.

39 *Ibid.*

40 *Ibid.*, p. 76.

41 L'article "Raison d'Etat," *L'Encyclopédie ou dictionnaire des sciences, des arts et des métiers* (Berne et Lausanne: Chez Les Sociétés Typographiques, 1780), t.XXVIII, pp. 261–63.

42 *Ibid.*, p. 261.

43 Jonathan Haslam, *No Virtue like Necessity: Realist Thought in International Relations since Machiavelli* (New Haven & London: Yale University Press, 2002), p. 183. もっとも，この点は，ドイツ人全体がこの概念をこころよく受け容れていたことを意味しない。時代の知識人が総じて「無神論」を意味する国家や国家理性の概念に否定的であり，フリードリヒによる使用はむしろ例外であったという点については，以下を参照

せよ。A. O. Meyer, *op.cit.* 邦訳 46 頁。

44 Dominique Reynié, “Le Regard souverain: Statistique sociale et raison d’Etat du XVIe au XVIIIe siècle,” Christian Lazzeri et Dominique Reynié (éds), *La raison d’Etat: politique et rationalité* (Paris: Presses Universitaires de France, 1992), pp. 43–82.

45 F. Meinecke, *op.cit.* 邦訳 414 頁。

46 Andrew Linklater, “Hegel, the State and International Relations”, Ian Clark and Iver B. Neumann (eds), *Classical Theories of International Relations* (Oxford: St. Antony’s, 1996), p.194. 押村高・飯島昇藏ほか訳『国際関係思想史――論争の座標軸』(新評論，2003 年)，245 頁。

47 Hegel, *Grundlinien der Philosophie des Rechtes*, § 333. 藤野渉・赤澤正敏訳『法の哲学』，岩崎武雄責任編集『ヘーゲル（世界の名著 35)』(中央公論社，1967 年）に収録，583 頁。

48 A. Linklater, *op.cit.*, p. 201. 邦訳 254–55 頁。

49 Hegel, *Grundlinien der Philosophie des Rechtes*, § 340. 邦訳 594 頁。

50 Der Derian, *On Diplomacy: A Genealogy of Western Estrangement* (Oxford: Blackwell, 1987), p. 162.

51 Scott Burchill, *The National Interest in International Relations Theory* (Hampshire & New York: Palgrave MacMillan, 2005), p. 26.

52 Hans J. Morgenthau, “Another Great Debate: The National Interest of the United States,” *American Political Science Review*, XLVI (December, 1952), pp. 961–78.

53 国益が，もっぱら安全保障の点で心理的なムードに警鐘を鳴らす表象として用いられるのであれば，それは「非常事態」においてではなく，まさしく日常の文脈のなかで唱えられる「自己達成予言」に変わる。しかも，国益が「安全，治安」を指すとすれば，権利保障の体系としての法治国家が安全を個人化した現在において，国益は「領土の安全」という現実よりも，むしろ個人の安全が確保されているという「安心感」に移っていかざるをえない。国益が，現実の問題としてよりも，認識やディスコースの問題として，リフレクティヴィスト（reflectivist）やコンストラクティヴィスト（constructivist）の流れを汲む国際関係論（批判）者の主要な標的となっているゆえんである。

第2章　ユートピアの現実性

カントの著作からの引用は，以下の邦訳を参照した。なお，筆者の判断により訳文を一部変更した箇所がある。

Immanuel Kant, Zum ewigen Frieden, 1795. 邦訳は宇都宮芳明訳『永遠平和のために』（岩波文庫，1985年）。

Immanuel Kant, Beantwortung der Frage: Was ist Aufklärung, 1784（「啓蒙とは何か」）

Idee zu einer allgemeinen Geschichte in weltbürgerlicher Absicht, 1784（「世界公民的見地における一般史の構想」），

Mutmasslicher Anfang der Menschengeschichte, 1786（「人類の歴史の憶測的起源」）

Über den Gemeinspruch: Das mag in der Theorie richtig sein, taugt aber nicht für die Praxis, 1793（「理論と実践」）。

以上4論文の邦訳は，篠田英雄訳『啓蒙とは何か，他四編』（岩波文庫，1950年）に収録。

Immanuel Kant, Die Metaphysik der Sitten, 1797（「人倫の形而上学」）。

邦訳は樽井正義・池尾恭一訳『人倫の形而上学』，第一部「法論の形而上学的定礎」，『カント全集12』（岩波書店，2002年）。

1　E. H. Carr, *The Twenty Years' Crisis*, with a New Introduction by Michael Cox (London: Palgrave Macmillan, 2001), p. 87. 井上茂訳『危機の二十年――1919–1939』（岩波文庫，1996年），182頁。

2　Kalypso Nicolaidis and Justine Lacroix, "Order and Justice Beyond the Nation-State: Europe's Competing Paradigms", Rosemary Foot, John Lewis Gaddis, and Andrew Hurrell (eds), *Order and Justice in International Relations* (Oxford: Oxford University Press, 2003), p. 138.

3　本書序章を参照。なお，この分類は，ワイトの以下の文献を発端としている。Martin Wight, "An Anatomy of International Thought", *Review of International Studies*, 13 (3), July 1987.

4　Robert Fine and Robin Cohen, "Four Cosmopolitan Moments", Steven Vertovec and Roben Cohen (eds), *Conceiving Cosmopolitanism: Theory, Context, and Practice* (Oxford: Oxford University Press, 2002), p. 143.

5　Torbjörn L. Knutsen, *A History of International Relations Theory*

(Manchester: Manchester University Press, 1992), p. 126. カントによるこのような国際関係認識は，日本のそれとは強烈な対照を成している。なぜならば，ヘイズ（Louis D. Hayes）が指摘するように，日本の政治外交のディスコースにおいて外的世界は「与件」であり，外交政策の使命は，この枠組みを変更することではなく，これに順応することであるからだ。なるほど，日本にもさまざまな理想主義がある。しかし，おそらく日本版の理想主義に，そして北東アジア，東南アジアのさまざまな平和思想に欠けているものは，弱点を克服する人間の能力への信頼である。Louis D. Hayes, *Introduction to Japanese Politics*, 4th ed.（New York: East Gate Book, 2005), p. 290.

6 Howard Williams and Ken Booth, "Kant: Theorist beyond Limits", Ian Clark and Iver B. Neumann（eds), *Classical Theories of International Relations*（Hampshire: Macmillan Press, 1996), p. 74. 押村 高・飯島昇藏ほか訳『国際関係思想史——論争の座標軸』（新評論，2003年），96–99頁。

7 Fred Dallmayr, *Dialogue among Civilizations: Some Exemplary Voices*（New York: Palgrave Macmillan, 2002), p. 226.

8 刺激に対する反応と理性による省察というカントの分け方は，本能が支配する動物の王国と理性が支配する知的人間の王国というかれの区別にも対応している。

9 このようなパラダイムにおいても，人間意思が強調されることはある。つまりこの解釈にしたがえば，国家を超えて影響力を行使しようとするものは，（他国に意思を強制されないためにも）意思を強制するほかない。しかも強制の可否は，実力行使の能力により決まる。このような拡大共和主義的な立場から，つまりカントとは全く逆の立場から「意思」（この場合は征服の意思）を賞賛したものとして，マキアヴェリの『政略論』（『ローマ史論』，*Discorsi sopra la prima deca di Tito Livio*）をあげることができる。

10 Istvan Hont, "The Permanent Crisis of a Divided Mankind: 'Contemporary Crisis of the Nation State' in Historical Perspective", John Dunn（ed.), *Contemporary Crisis of the Nation State*（Oxford: Blackwell, 1995), p. 176.

11 世俗的自然法論者グロティウスが万民法の普遍的妥当性を主張する際に，神意という概念と決別していたかどうかについては解釈が分かれるかもし

れない。いずれにしてもカントは，コスモポリタン法の普遍性を，経験的に観察可能であるところの人間の境遇の共通性に基礎づけたのである。

12　Charles Irénée Castel, abbé de Saint-Pierre, *Projet de Paix Perpétuelle* (Utrecht: Chez Antoine Schouten, 1713), Tome I, p. 12. サン・ピエールの平和思想については，押村高「啓蒙の利害アプローチとヨーロッパの平和建設――サン・ピエールの『永久平和論』」千葉眞編著『平和の政治思想』(おうふう，2009年)，47–66頁参照。

13　Emmerrich de Vattel, *The Law of Nations, or Principles of the Law of Nature, Applied to the Conduct and Affairs of the Nations and Sovereigns*, English Edition (London: Robinson, 1797) pp. lxiii-lxiv, 149.

14　*Ibid.*, pp. 10, 291ff.

15　Jürgen Habermas, "The Post Modern Constellation", Reproduced in David Held and Anthony McGrew (eds), *The Global Transformations Reader: An Introduction to the Globalization Debate* (Cambridge: Polity Press. 2001), p. 546.

16　Torbjörn L. Knutsen, *op.cit.*, p. 195.

17　Peter Bugge, "The Nation Supreme: The Idea of Europe 1914–1945", Kevin Wilson and Jan van der Dussen (eds), *The History of the Idea of Europe* (London: Routledge, 1993), p. 101.

18　Woodrow Wilson, "The World Must Be Made Safe for Democracy", Address to Congress Asking for Declaration of War, April 2, 1917, John A. Vasquez (ed.), *Classics of International Relations*, 3rd ed. (New Jersey: Prentice Hall, 1996), p. 37.

19　Andreas Osiander, "Reading Early Twentieth Century IR Theory: Idealism Revisited", Andrew Linklater (ed.), *International Relations: Critical Concepts in Political Science* (London: Routledge, 2000), pp. 236–37.

20　Michael Joseph Smith, *Realist Thought from Weber to Kissinger* (Baton Rouge: Louisiana State University Press, 1986), pp. 57–59. 押村高ほか訳『現実主義の国際政治思想――M. ウェーバーからH. キッシンジャーまで』(垣垣出版，1997年)，77–80頁。

21　Rainer Bauböck, "Political Community beyond the Sovereign State, Supranational Federalism, and Transnational Minorities", Steven

Vertovec and Roben Cohen (eds), *Conceiving Cosmopolitanism: Theory, Context, and Practice* (Oxford: Oxford University Press, 2002), p. 126.

22 *Ibid.*, p. 127.

23 ウェント（Alexander Wendt）は，EUのような「カント的な安全保障組織」の特徴を，つぎのように描いている。すなわち，「同盟」が偶然性や不確かさを抱えたままの状態であるのに対し，カント的な組織とは，構成国相互の不和の解決に「武力や威嚇が持ち出されることがない」という確信をお互いに抱きあう関係である。もちろんこれは，構成国同士が政治的，外交的に対立する可能性が全くない，ということを意味するわけではない。Alexander Wendt, *Social Theory of International Politics* (Cambridge: Cambridge University Press, 1999), pp. 298–306.

24 冷戦が終結したときにいちはやく平和主義者カントの名を復権させたのは，カントの故郷ケーニヒスベルクの人びとであった。ロシアとドイツに翻弄されたこの都市とカント思想とのかかわりについては，以下を参照せよ。John E. Tunbridge, "The Question of Heritage in European Cultural Conflict", Brian Graham (ed.), *Modern Europe: Place, Culture, and Identity* (London: Arnold, 1998).

25 Richard Devetak, "Signs of a New Enlightenment?: Concepts of Community and Humanity after the Cold War", Stephanie Lawson (ed.), *The New Agenda for International Relations from Polarization to Globalization in World Politics?* (Cambridge: Polity Press. 2002), p. 170.

26 Daniele Archibugi, "Cosmopolitan Democracy", Archibugi (ed.), *Debating Cosmopolitics* (London & New York: Verso, 2003), p. 10.

27 ドロール（Jacques Delors）がかつて「運命の手綱を握る」(Mastering our destiny）という副題をともなった講演でヨーロッパの任務を述べたとき，かれは，ヨーロッパの主意主義的な立場から，危機状況における人間意思の重要性を思い起こしているのである。

> われわれの経済，金融，社会発展，科学技術の制御能力を強化することが重要である。われわれは，われわれの資源のみを頼りとして，ヨーロッパのアイデンティティを保全しなくてはならない。われわれは，われわれの資源を共同管理しなければならない。このような精神を忘れず

に，富の生産にかかわるすべての人びとと，広範な協議の場を設けなければならない。われわれは相互に密接に依存しあっているのであり，われわれの将来は結び合っているのである。われわれはともに，この脆弱な状況から引き出される利点を享受できるのではないか（ボーンマスにおける演説)。

このように「制御」は，ヨーロッパの国家関係のディスコースにおいて最も好まれる用語のひとつである。人間の意思的側面の強調は，近年国連により提唱された「人間の顔を持つグローバル化」という発想にも着想を与えている。Jacques Delors, “It is Necessary to Work Together”, Speech at Bournemouth, 8 September 1988, Dick Leonard and Mark Leonard (ed.), *The Pro-European Reader* (London: Palgrave, 2002).

28　Peter Gowan, “The New Liberal Cosmopolitanism”, Daniele Archibugi (ed.), *Debating Cosmopolitics* (London: Verso, 2003), pp. 53–54.

29　Timothy Brennan, “Cosmopolitanism and Internationalism”, Steven Vertovec and Roben Cohen (eds), *Conceiving Cosmopolitanism: Theory, Context, and Practice* (Oxford: Oxford University Press, 2003), p. 49.

30　カントも「ヨーロッパ中心主義」と「文明ヨーロッパ」というバイアスを免れてはいない。この点については以下の研究を参照せよ。David Boucher, *Political Theory of International Relations* (Oxford: Oxford University Press, 1998), p. 282. Robert Fine and Roben Cohen, “Four Cosmopolitan Moments”, Stevin Vertovec and Roben Cohen (eds.), *Conceiving Cosmopolitanism: Theory, Context, and Practice* (Oxford: Oxford University Press, 2003), p. 145.

第 3 章　国際政治の道義的主体とは

1　本章では，国家間の倫理的間柄を表す場合には「道義」を用いる，という国際政治学の慣例に従って，morality, moral の訳語に「道義」,「道義的な」をあてている。

2　この点を明確に指摘したのは，タミールである。Yael Tamir, *Liberal Nationalism* (Princeton: Princeton University Press, 1993), pp. 10, 103–14. 押村高ほか訳『リベラルなナショナリズムとは』(夏目書房,

2007年），63, 235頁など参照。

3 Michael Walzer, *Thick and Thin: Moral Argument at Home and Abroad* (Notre Dame: University of Notre Dame Press, 1994), esp. ch. 4. 芦川晋ほか訳『道徳の厚みと広がり――われわれはどこまで他者の声を聴き取ることができるか』（風行社，2004年），113–43頁。

4 Chris Brown, *International Relations Theory: New Normative Approaches* (Hemel Hempstead: Harvester Wheatsheaf, 1992), p. 12. この論争を主題とした文献には，以下がある。Robert Shillian, "The Other in Classical Political Theory: Recontextualizing the Cosmopolitan/Communitarian Debate", Beate Jahn (ed.), *Classical Theory in International Relations* (Cambridge: Cambridge University Press, 2006), pp. 207–32; Chris Brown, "Towards a Neo-Aristotelian Resolution of the Cosmopolitan-Communitarian Debate", Maria Lensu and Jan-Stefan Fritz (eds), *Value Pluralism, Normative Theory and International Relations* (London: Macmillan Press, 2000), pp. 76–99; "Beyond the Cosmopolitan/Communitarian Divide: Justice, Difference and Community in International Relations", Maria Lensu and Jan-Stefan Fritz (eds), *op.cit.*, pp. 100–31; Janna Thompson, *Justice and World Order: A Philosophical Inquiry* (London: Routledge, 1992).

5 Immanuel Kant, Die Metaphysik der Sitten, 1797. 樽井正義ほか訳「人倫の形而上学」，『カント全集11』（岩波書店，2002年）に収録，204頁。

6 I. Kant, *Ibid.*, 邦訳205頁。

7 たとえば「カントの永遠平和の理念」という論文を公表したハーバーマスは，カントが「あらゆる法治状態の根拠を，誰もが人間であることから生ずる根源的権利に求めている」ことを理由に，カントの国家主権擁護論に修正を施した。さらに，その原理を徹底させるには「個人が権利の担い手であることを明確にし，また，近代法秩序に譲渡不可能な個人主義的性格を付与しなければならない」と論じてまで，カントのコスモポリタン権を国家主権をも上回る人権の思想の源流とみなそうとしたのである。Jürgen Habermas, *Die Einbeziehung des Anderen: Studien zur politischen Theorie* (Frankfurt am Main: Suhrkamp Verlag, 1996). 高橋昌行訳『他者の受容――多文化社会の政治理論に関する研究』（法政大学出版局，2004年），207頁。ほかに，カント思想の強い影響を受けたコス

モポリタンの代表としては，「定言命題」という普遍的義務をコスモポリタニズム成立の根拠としたオニールがいる。Onora O'Neill, "Ethical Reasoning and Ideological Pluralism", *Ethics*, 98, 1988, pp. 705–22.

8　I. Kant, *Zum ewigen Frieden*, 1795. 宇都宮芳明訳「第一補説：永遠平和の保証について」,『永遠平和のために』（岩波書店，1985年）に収録，70–71頁。

9　本書第2章参照。

10　G. W. F. Hegel, *Grundlinien der Philosophie des Rechts*, 1821. §336. 藤野渉・赤澤正敏訳『法の哲学』，岩崎武雄責任編集『ヘーゲル（世界の名著35)』（中央公論社，1967年）に収録，592頁。

11　Hegel, *Ibid*., §337. 邦訳592頁。

12　Charles R. Beitz, *Political Theory of International Relations* (Princeton: Princeton University Press, 1979), p. 182. 進藤栄一訳『国際秩序と正義』（岩波書店，1989年），275頁。

13　Andrew Dobson, "Thick Cosmopolitanism" *Political Studies*, 54, 2006, pp. 165–84.

14　Michael Walzer, *Spheres of Justice: A Defense of Pluralism and Equality* (Oxford: Blackwell, 1983), p. 5.

15　John Rawls, *The Law of Peoples with "The Idea of Public Reason Revisited"* (Harvard University Press, 1999), pp. 113–20. 中山竜一訳『万民の法』（岩波書店，2006年），165–76頁。

16　David Boucher, *Political Theories of International Relations* (Oxford: Oxford University Press, 1998), p. 21.

17　Terry Nardin, *Law Morality, and the Relations of States* (Princeton: Princeton University Press, 1983).

18　英国学派における pluralism と solidarism の論争に関しては，Andrew Linklater and Hidemi Suganami, *The English School of International Relations* (Cambridge: Cambridge University Press), pp. 59–68. を参照せよ。

19　押村高「民主化と機構改革に向けて」，村田良平編『EU——21世紀の政治課題』（勁草書房，1999年）を参照。

20　このようなコスモポリタン・デモクラシー批判をめぐる論争については，さしあたりつぎを参照されたい。Patti Renard and Luc Turgeon, "Contract or Conversation?: Conceptualizing Constitution-making and

Constitutional Identity at the Transnational Level"; Daniele Archibugi, "Democracy and Its Critics", Bruce Morisson (ed.), *Transnational Democracy in Critical and Comparative Perspective: Democracy's Range Reconsidered* (Aldershot: Ashgate, 2003).

21 スミスは，グローバル・カルチャーのような国境横断的な文化を「記憶をともなわない文化」と呼び，それは国民文化の代わりを果たすこともなければ，国民文化に匹敵する政治的，経済的な役割を果たすこともない，と主張する。Anthony D. Smith, *Nations and Nationalism in a Global Era* (Cambridge: Polity Press, 1995), pp. 19–28.

22 リベラルが他国の文化を認証しようとする際におちいるこのジレンマについては，以下の論考を参照せよ。Cecile Fabre and David Miller, "Justice and Culture: Rawls, Sen, Nussbaum and O'Neill", *Political Studies Review*, 1 (1), January 2003. 石川涼子訳「正義の文化的バイアス——ロールズ，セン，ヌスバウム，オニールを題材として」『思想』993，2007年，124–41 頁。

23 Brian Barry, "International Society from a Cosmopolitan Perspective", David R. Mapel and Terry Nardin (eds), *International Society: Diverse Ethical Perspectives* (Princeton: Princeton University Press, 1998), pp. 145–46.

24 B. Barry, *Ibid.*, pp. 156–58.

25 もっともミラーは，後掲の論文において，人道性や他者（他国）に尊重を払うという意味での「弱いコスモポリタニズム」であれば，それを支持するのにやぶさかではないと述べている。ここでの位置づけは，あくまでもコミュニタリアン - コスモポリタン論争の文脈をとおしたものであり，ミラーの思想傾向の全体を考慮に入れたものではない。

26 この 2 人にタミール（Yael Tamir）を加えた 3 人をリベラル・ナショナリストとして批判的に分析している文献に以下がある。Andrew Vincent, "Liberal Nationalism: an Irresponsible Compound?," *Political Studies*, 45 (2), 1997.

27 David Miller, "Limit of Cosmopolitan Justice", David R. Mapel and Terry Nardin (eds), *op.cit.*, pp. 175–78.

28 D. Miller, *Ibid.*, p. 179.

29 リンクレイターとフロストをともに「道義的包摂主義者」ととらえ，かれらがヘーゲル主義を土台にコスモポリタン－コミュニタリアン論争を越

える視点に行き着いたと見る解釈として，以下の文献を参照。Molly Cochran, *Normative Theory in International Relations: A Pragmatic Approach* (Cambridge: Cambridge University Press, 1999), pp. 78–118.

30 Andrew Linklater, "The Problem of Community in International Relations", *Alternatives*, 15, pp. 150–51.

31 Andrew Linklater, *The Transformation of Political Community: Ethical Foundation of the Post-Westphalian Era* (Cambridge: Polity Press, 1997), pp. 87–100.

32 Andrew Linklater, "Citizenship and Sovereignty in the Post-Westphalian State", *European Journal of International Relations*, 2 (1), 1996, pp. 77–103.

33 A. Linklater, *The Transformation of Political Community*, p. 211.

34 Richard Devetek, "Sign of a New Enlightenment?: Concepts of Community and Humanity after the Cold War", Stephanie Lawson (ed.), *The New Agenda for International Relations: Polarization to Globalization in World Politics?* (Cambridge: Polity Press, 2002), pp. 174–75.

35 Mervin Frost, *Ethics of International Relations: A Constitutive Theory* (Cambridge: Cambridge University Press, 1996), pp. 151–52.

36 M. Frost, *Ibid.*, p. 79.

37 M. Frost, *Ibid.*, pp. 88–90.

38 近年におけるこのような試みとして，たとえばつぎを参照，Toni Erskine, *Embedded Cosmopolitanism: Duties to Strangers and Enemies in a World of 'Dislocated Communities'* (Cambridge: Cambridge University Press, 2008).

第4章　介入はいかなる正義にもとづきうるか

1 偶然性や不確かさを抱える「同盟」は異なり，武力や威嚇が持ち出される恐れがないという確信を抱きあった関係を，ウェントは「カント的共同体」と名付けている。もっともこの概念は，相互に政治的，外交的に対立する可能性がないということを意味するわけではなかった。Alexander Wendt, *Social Theory of International Politics* (Cambridge: Cambridge University Press, 1999), pp. 298–306.

2 Immanuel Kant, Über den Gemeinspruch: Das mag in der Theorie richtig sein, taugt aber nicht für die Praxis. 篠田英雄訳「理論と実践」，『啓蒙とは何か』（岩波文庫，1950 年）所収，181 頁。

3 Elie Wiesl, Préface, in Académie Universelle des Cultures, *Intervention? Droits de la Personne et Raison d'Etat*（Forum international sur l'intervention, La Sorbonne, 16 et 17 décembre 1993), Paris: Bernard Grasset, 1994. エリ・ウィーゼル／川田順造編，廣瀬浩司・林修訳『介入？――人間の権利と国家の論理』（藤原書店，1997 年），22 頁。

4 冷戦終焉後に正義の再定義を促したいまひとつの要因として，グローバル化と国際社会概念の台頭により，国境を越える正義の実体らしきものをかいま見ることができるようになった点があげられる。たとえばクウェートに侵攻したイラクに対処する国際社会は，正義の戦争の基準を共有していたといわれる。介入には，異なる文化的背景を持つ国々が加わっており，かれらが同じ事由のもとで行動をともにしたのである。戦史家のキーガンは，これを「三十年戦争の最中にグロティウスが指導原理を定立してからはじめての，正義の戦争という道義性の勝利」と表現した。John Keegan, *A History of Warfare*（London: Hutchinson, 1993), p. 384.

5 押村高「国家の安全保障と人間の安全保障」，『国際問題』530，2004 年 5 月，14 頁以下参照。

6 E. Wiesl, *op.cit.* 邦訳 22 頁。

7 Martin Wight, "Why Is There No International Theory?", Martin Wight and Herbert Butterfield (eds), *Diplomatic Investigations: Essays in the Theory of International Politics*（London: Allen and Unwin, 1966), p. 31.

8 以下の論考においてイグナティエフは，国際社会の「保護する責任」が，人道的危機が解消され民主主義が樹立されるまで破綻国家に徹底的に介入するよう命ずる，という論理を打ち出している。Michael Ignatieff, "State Failure and Nation-Building", J. L. Hozgrerfe and Robert O. Keohane (eds), *Humanitarian Intervention: Ethical, Legal, and Political Dilemmas*（Cambridge: Cambridge University Press, 2003), p. 320. もっともイグナティエフは，近年の『よりましな悪』（*The Lesser Evil*）においては，最終手段として介入する場合でも，介入を行う側が民主主義の諸原則の厳格なコントロールに服さなければならない点を強調している。Michael Ignatieff, *The Lesser Evil: Political Ethics in an Age*

of Terror (Princeton: Princeton University Press, 2004).

9　アフガニスタンへの攻撃にさいして「自衛」のみでは正当化の根拠が薄弱であったために，ブッシュがいかに「民主化」という大義を活用したかについては，以下の分析がある。Simon Chesterman, "Humanitarian Intervention and Afghanistan", Jennifer M. Welsh (ed.), *Humanitarian Intervention and International Relations* (Oxford: Oxford University Press, 2004), pp. 163–71.

10　John Stuart Mill, "A Few Words on Non-Intervention", J. S. Mill, *Dissertations and Discussions* (Boston: Spencer, 1867), vol. III, pp. 171–76.

11　Ronald Dworkin, *Taking Right Seriously* (London: Gerald Duckworth & Co Ltd, 1977), pp. 234–36.

12　アメリカの「正しい戦争」とエルシュタイン，ウォルツァーの戦争擁護論は，坂口正二郎「最近のアメリカが考える正しい戦争——保守とリベラル」，山内進編『「正しい戦争」という思想』(勁草書房，2006年) で紹介されている。

13　押村高「最強者のおののき」，『思想』975，2005年7月，28–32頁参照。

14　Peter Singer, *The President of Good and Evil: The Ethics of George W. Bush* (New York: Dutton, 2004). 中野勝郎訳『正義の倫理——ジョージ・W・ブッシュの善と悪』(昭和堂，2004年)，284頁。

15　Nicholas Fotion, "Reactions to War: Pacifism, Realism, and Just War Theory", Andrew Valle (ed.), *Ethics in International Affairs: Theories and Cases* (Lanham: Rowan & Littlefield Publishers. Inc., 2000), pp. 16–17.

16　Chris Brown, *Sovereignty, Right and Justice: International Political Theory Today* (Cambridge: Polity Press, 2002), p. 103.

17　Aquinas, Summa theologica, *Selected Political Writings*, ed. with an Introduction by A. P. D' Entrèves (Oxford: Basil Blackwell, 1974), pp. 159–60.

18　もっとも，この要件は，武力行使を無期限に延期するためのものではなく，またブッシュがなしたような，最終のカードを切るという意味で「政治家の行動力」を示す機会として利用するためのものでもない。犯された不正と「釣り合い」の保たれた有効な対処法は何か，という判断の材料となるべきものだろう。James Turner Johnson, "The Just War Idea: The

State of the Question", Ellen F. Paul, Fred D. Miller, and Jeffrey Paul (eds), *Justice and Global Politics* (Cambridge: Cambridge University Press, 2006), p. 184.

19 押村高「慈悲深き帝国アメリカ」，押村編『帝国アメリカのイメージ――国際社会との広がるギャップ』（早稲田大学出版部，2004 年）24-25 頁参照。なお，小泉元首相とシラク大統領の発言は，それぞれ平成 15 年 3 月 30 日の記者会見「イラク問題に関する対応について」（http://www.kantei.go.jp/jp/koizumispeech/2003/03/20kaiken.html）と Jacques Chirac, Interview Télévisée par Patrick Poivre D'Arvor, TF1, le 10 mars 2003 より引用した。

20 Christian von Wolff, *The Law of Nations Treated according to a Scientific Method* (1764), Introduction translated by Francis J. Hemett, and Text translated by Joseph H. Drake (Oxford: Clarendon Press, 1934), p. 84.

21 Michael Walzer, *Just and Unjust Wars: A Moral Argument with Historical Illustrations* (1977), 4th ed. (New York: Basic Books, 2006), pp. 54-55.

22 Gordon Graham, *Ethics and International Relations* (Oxford: Blackwell Publishers Ltd, 1997), pp. 102-103.

23 Mary Kaldor, *New and Old Wars: Organized Violence in a Global Era* (Oxford: Polity Press, 2001). 山本武彦・渡部正樹訳『新戦争論――グローバル時代の組織的暴力』（岩波書店，2003 年），195 頁。

24 Francisco de Vitoria, Relectio de jure belli. 佐々木孝訳「戦争の法について」，佐々木訳『人類共通の法を求めて』（岩波書店，1993 年）に収録，173,176 頁。

25 マリオ・ベッターティ「介入か援助か」，ウィーゼル／川田編，邦訳 137 頁。

26 Paul Ramsey, *The Just War: Force and Political Responsibility* (New York: Charles Scribner's Sons, 1968).

27 Terry Nardin, "The Moral Basis for Humanitarian Intervention", Anthony F. Lang Jr. (ed.), *Just Intervention* (Georgetown: Georgetown University Press, 2003), p. 20.

28 Susan L. Woodward, "Diaspora, or the Dangers of Disunification? Putting the Serbian Model into Perspective", Michael Manderbaum

(ed.), *The New European Diaspora: National Minorities and Conflict in Eastern Europe* (New York: Council of Foreign Relations Press, 2000), p. 161.

29　Mark Leonard, *Why Europe Will Run the 21st Century* (London: Harper Collins Publishers, Ltd., 2005). 山本元訳『アンチ・ネオコンの論理——ヨーロッパ発，ポスト・アメリカの世界秩序』(春秋社，2006年)，88頁。

30　内容項目を作成するにあたっては，以下の文献を参照した。Simon Caney, *Justice Beyond Borders: A Global Political Theory* (Oxford: Oxford University Press, 2005), pp. 226–62; Patrick Hayden, "Security beyond the State: Cosmopolitanism, Peace and the Role of Just War Theory", Mark Evans (ed.), *Just War Theory: A Reappraisal* (Edinburgh: Edinburgh University Press, 2005), pp. 157–76; Tarcisio Gazzini, *The Changing Rules on the Use of Force in International Law* (Manchester: Manchester University Press, 2005), pp. 174–79; Brian D. Lepard, *Rethinking Humanitarian Intervention: A Fresh Legal Approach Based on Fundamental Ethical Principles in International Law and World Religions* (University Park: Pennsylvania University Press, 2002), pp. 220–55; Gordon Graham, *op.cit.*, pp. 108–14.

31　廣瀬和子「冷戦後世界における紛争の多様化と秩序形成のメカニズム」，国際法学会編『紛争の解決（日本と国際法の100年 第9巻)』(三省堂，2001年)，11頁。

32　Allen Buchanan, "Reforming the International Law of Humanitarian Intervention", J. L. Holzgrefe and Robert O. Keohane (eds), *Hunanitarian Intervention: Ethical, Legal, and Political Dilemmas* (Cambridge: Cambridge University Press, 2003), p. 131.

33　以下で報告書の全文が公開されている。http://iciss-ciise.gr.ca/report2-en.asp

34　Fernando R. Teson, "The Liberal Case for Humanitarian Intervention", J. L. Holzgrefe and Robert O. Keohane (eds), *Hunanitarian Intervention: Ethical, Legal, and Political Dilemmas* (Cambridge: Cambridge University Press, 2003), p. 121.

35　ウォレ・ショインカ「アフリカ——記憶と必要のあいだで」，ウィーゼル／川田編，邦訳64–65頁。

第5章　民主主義と武力行使

1　Damilaville, article PAIX, in *Encyclopédie, ou Dictionnaire raisonné des sciences, des arts de des métiers*, fac-similé de la première édition de 1751, t. II, Stuttgart-Bad Cannstatt: Frommann Verlag G. Holzboog, 1966.

2　Immanuel Kant, "Über den Gemeinspruch: Das mag in der Theorie richtig sein, taugt aber nicht für die Praxis", 篠田英雄訳「理論と実践」,『啓蒙とは何か』(岩波書店, 1950年) に収録, 183–84頁。

3　本書第2章, 73–74頁参照。

4　Woodrow Wilson, "The World Must Be Made Safe for Democracy", Address to Congress Asking for Declaration of War, April 2, 1917, in John A. Vasquez (ed.), *Classics of International Relations* (New Jersey: Prentice Hall, 1996).

5　Bruce Russett, *Grasping the Democratic Peace: Principles for a Post-Cold War World* (Princeton: Princeton University Press, 1994). 鴨武彦訳『パクス・デモクラティア――冷戦後世界への原理』(東京大学出版会, 1996年)。

6　Mervyn Frost, "Common Practice in a Plural World: the Bases for a Theory of Justice", Maria Lensu and Jan-Stefan Fritz (eds), *Value Pluralism, Normative Theory and International Relations* (London: Macmillan, 2000), p. 18.

7　Morton H. Halperin, Joseph T. Siegle, and Michael M. Weinstein, *The Democracy Advantage: How Democracies Promote Prosperity and Peace* (New York: Routledge, 2005), p. 96.

8　アメリカ国民のイラク攻撃への賛否を問う2003年3月17日実施のWashington Post／ABC News世論調査によると,「強く賛成」(54%) と「どちらかというと賛成」(16%) の合計が70%であるのに対し,「強く反対」(19%) と「どちらかというと反対」(8%) の合計が27%, 無回答が3%であった。反対の割合の合計は, 注 (9) のアメリカの非戦主義者の割合にほぼ合致していた。

9　*The Japanese Version of World Values Survey*. 電通総研・日本リサーチセンター編『世界60カ国価値観データブック』(同友館, 2004年), 134頁。

10　パスカル・ヴェネッソン／佐藤壮訳「グローバリゼーションとヨーロッパ流の戦争方法――フランスとドイツにおける軍事的適応の政治学」，大芝亮・山内進編，前掲書，123頁。

11　Ipsos MORI, Political Monitor: Satisfaction Ratings 1979-Present, response to the question "Are you satisfied with the way Mr Blair is doing his job as Prime Minister?", http://www.ipsos-mori.com/polls/trends/satisfac.shtml

12　スペインでは，2004年3月11日に首都マドリードの3駅で列車が爆破され，200人近くが犠牲となった。アスナール率いる民衆党政府は，イラク派兵反対への世論の高まりを恐れ，アルカイダのテロ関与という情報を「秘匿」して，テロはバスク分離独立主義者の犯行の疑いが強いという捜査見通しを公表した。しかし社労党は，このバスク説の矛盾や政府の秘匿を追及し，直後の総選挙では世論の圧倒的な支持を得て勝利している。選挙後首相となったサパテロは，アメリカのイラク攻撃を「暴力や憎しみしかもたらさない人災」と批判し，有志連合から離脱してスペイン兵力を撤収させた。ここにも，セキュリティーの政治（同盟，生存，秘匿，密約）とリベラルな政治（公開，非暴力，不正との戦い）の激しい綱引きがあったと考えることができる。M. Donald Hancock and Brandon Valeriano, "Western Europe", Mary Buckley and Robert Singh (eds), *The Bush Doctrine and the War on Terrorism: Global Responses, Global Consequences* (London and New York: Routledge, 2006), p. 35.

13　本書第1章，31頁参照。

14　イラク戦争への各国の対応をリベラルな政治とセキュリティーの政治の対抗として描いたものに，つぎの文献がある。John MacMillan, "The Iraq War and Democratic Politics", in Alex Danchev and John MacMillan (eds.), *The Iraq War and Democratic Politics* (London: Routledge, 2005), pp. 9–12; Dan Keohane, "The United Kingdom", *Ibid*, pp. 65–74. また，民主各国の「テロとの戦い」が法治主義，民主政治に対して与えた影響の包括的な比較研究として，以下が有用である。Jean-Claude Paye, *La Fin de L'État de Droit: La Lutte Antiterroriste de L'État d'Exception à la Dictature* (Paris: La Dispute/SNÉDIT, 2004).

15　Michael Ignatieff, *The Lesser Evil: Political Ethics in an Age of Terror*, with a New Preface by the Author (Princeton: Princeton University Press, 2004), pp. 11–12.

16 Antoine Garapon, "Les Dispositifs Antiterrorists de la France et des États-Unis", *Esprit, No. 327,* Août-Septembre 2006, Terrorisme et Contre-terrorisme: la Guerre Perpétuelle?, pp. 134–49.

17 押村高「最強者のおののき——帝国論争から読むアメリカの背理」,『思想』975, 2005 年, 29–32 頁を参照。

18 フクヤマは,「アメリカ政治外交の世界に対するアカウンタビリティー」という問題を, 21 世紀民主主義の最大の課題のひとつに取り上げている。「われわれの理解が及んでいないのは, いかにして諸国家間に民主的アカウンタビリティーを創造するかという問題である。この問題は, 合衆国の巨大さと覇権的な力によっていっそう深刻なものとなっている。そしてこの問題こそ, 今日アメリカが世界において直面している困難の源泉なのである。合衆国は, 世界の国々に対し軍事的, 経済的, 文化的影響力を行使することができる。しかし, それらの国々は合衆国に対し影響を行使しうる力を持っていない。多くの非アメリカ人は, 合衆国の選挙にも参加したいと望んでいる。しかし合衆国大統領は, 合衆国の投票者のみにアカウンタビリティーを負うべきだと考えているのである」。Francis Fukuyama, "Democracy and the End of History Revisited", Heraldo Munoz (ed.), *Democracy Rising: Assessing the Global Challenges* (Boulder: Lynne Rienner Publishers, 2006), p. 119.

19 Stefan Halper and Jonathan Clarke, *America Alone: The Neo-Conservatives and the Global Order* (Cambridge: Cambridge University Press, 2004), pp. 268–69, 304.

20 *The National Security Strategy of the United States of America,* 2002, Introduction, http://www.whitehouse.gov/nsc/nssintro.html

21 Morton H. Halperin, Joseph T. Siegle, and Michael M. Weinstein, *op.cit.*, p. 103.

22 Simon Chesterman, "Humanitarian Intervention and Afghanistan", Jennifer M. Welsh (ed.), *Humanitarian Intervention and International Relations* (Oxford: Oxford University Press, 2004), pp. 163–71.

23 *The National Security Strategy of the United States of America,* 2002, Introduction, http://www.whitehouse.gov/nsc/nssintro.html

24 Commission on Human Security, *Human Security Now* (New York: Communications Development Incorporated, 2003), p. 60.

25 *Ibid.*, p. 24.

26 Gareth Stansfield, "The Transition to Democracy in Iraq: Historical Legacies, Resurgent Identities and Reactionary Tendencies", Alex Danchev and John MacMillan (eds), *The Iraq War and Democratic Politics* (London: Routledge, 2005), p. 150.

27 Oliver P. Richmond, "UN Peace Operations and the Dilemma of the Peacebuilding Consensus", Alex J. Bellamy and Pail Williams (eds), *Peace Operation and Global Order* (Abingdon: Frank Cass, 2005), p. 88.

28 Commission on Human Security, *op.cit.*, p. 61.

29 Donald L. Horowitz, "Democracy in Divided Societies", Larry Diamond and Marc F. Plattner (eds), *Nationalism, Ethnic Conflict, and Democracy* (Baltimore: The John Hopkins University Press, 1994), p. 40.

30 冷戦終焉後の紛争や武力行使の様態変化は，とくに国連憲章7章にもとづく軍事的強制措置において著しいが，この点について，とくに国際平和活動に焦点をあわせて分析したものとして以下を参照。青井千由紀「紛争の変容と民軍関係の展開――戦略，活動，現場レベルの一貫性と統合に関する一考察」，上杉勇司編『国際平和活動における民軍関係の課題』（広島大学平和科学研究センター，2007），35–50頁。

31 本書第4章，137–38頁参照。

32 介入や平和活動のこのような「意図せざる結果」とその責任について包括的に論じたものに，以下がある。Chiyuki Aoi, Cedric de Coning, and Ramesh Thakur (eds.), *Unintended Consequences of Peacekeeping Operation* (Tokyo: United Nations University Press, 2007).

33 Adam Roberts, La《Guerre contre le Terrorisme》dans une Perspective Historique, traduit par Hélène Arnaud, Gilles Andréani et Pierre Hasnner (dirs.), *Justifier la Guerre: de l'Humanitaire au Contre-terrorisme* (Paris: Science Po., 2005), p. 160.

第6章　グローバルな社会正義の思想

1 そのような正義を何と呼ぶかは，それ自体が議論の方向を決するほど重要な論点であるが，本章では，作業上の定義として，国際（ないしはコミュニタリアン的）正義，グローバル正義，コスモポリタン的正義を区分けし，それらをつぎのように対照させてゆく。すなわち，ロールズの『諸国

民の法』に代表される「国際正義」とは，各国家（政治共同体）の正当性を高めることによって，国家間の秩序をよりいっそう安定させようとするものである。その概念において，飢餓や貧困問題の解決は，まさしく各国家の正当性の重要な構成要因と考えられている。

これに対して，ポッゲに代表される「コスモポリタン的正義」は，個人の福利に焦点をあわせ，どの国家に暮らす個人にも人権を保障することのできるような国際制度の枠組みをつくることを目標に掲げる。このかぎりにおいて，腐敗政府，破綻政府などの正当性の乏しい政府を戴く国民があれば，かれらの個人的な権利の保障もまた，国際社会の関心事となる。

一方，ヤングが唱道する「グローバル正義」は，両者の中間に位する概念であり，その目指すところはグローバルな秩序であるが，その秩序が，国家間関係の安定と，国家を越えた諸個人間の適切な関係の両者によって築かれるべきだと考える。これらの区分けについては，以下を参照せよ。Mark R. Amstutz, *International Ethics: Concepts, Theories, and Cases in Global Politics* (Lanham: Rowman & Littlefield, 2008).

2 貧困の悪化にエージェントが加担している代表的な例は，1997年のアジア通貨危機かもしれない。国際金融資本やヘッジファンドなどの投機筋がもくろんだタイ・バーツの暴落が，水平分業下にあったアジア新興諸国に飛び火して，地域全体の経済・金融に壊滅的な打撃を与えた。その背後に，為替レートを固定するドルペッグ制度に付け込んだ金融資本家たちの貪欲があったと指摘されている。

もちろん，かれらにも「経済実勢に見合わない通貨管理を敷いたタイ政府が悪い」という強力な言い分がある。しかし，金融恐慌の被害を受け，誤った政策への制裁を受けたのは，政府よりむしろ景気アップダウンの影響をもろに受ける最下層の人びとであった。倒産，失業，首切りに見舞われた者が大勢いた点からもわかるように，この出来事によって弱者たちの境遇はまちがいなく悪化した。

この例に示されているように，地域全体の金融システムにまで修復不可能な損害を与え，結果として途上国の弱者の福利が侵される事態が予測されるにもかかわらず，いわば強欲（greed）によって極限まで利益を得続けようと考えるエージェントがいる。かれらが追及を受けぬままにおかれることが問題なのであり，そのようなエージェントが倫理的に非難されるべきは論をまたないだろう。

国際社会も，1997年に，このような行為に起因する金融不安の結果と

しての弱者の境遇の悪化を目撃し，それに対する対策を講じてきた。国連は，アジア通貨危機をきっかけに，人間の安全保障という概念を貧困対策にも適用し，最下層の人びとの目線に立って，かれらのリスクを総合的に取り除くためのプロジェクトを計画し，推進している。

あるいは国連が音頭をとって多くの企業に参加を働きかけている「グローバル・コンパクト」は，国際的責任という意識を高めるのに貢献している。「企業はその影響の及ぶ範囲内で国際的に宣言されている人権の擁護を支持し，尊重する」という第一原則を持つこの協約は，企業に進出先の人びとの福利への配慮を促すことによって，貧困の悪化防止に役立つに違いない。

さらに，OECDによる「外国公務員に対する賄賂の防止」の規程も，企業に法規の網をかけるという意味でエージェントの倫理性を高める。このような取り組みが，援助の内実を改善し，不平等により排除されている者の生活環境の改善に一定の役割を果たし得るかもしれない。

3　Iris Marion Young, *Global Challenge: War, Self-Determination and Responsibility for Justice* (Cambridge: Polity Press, 2007), pp. 175–81.

4　*Ibid.*, pp. 164–72.

5　構造的不正という概念の強みは，途上国の飢餓や貧困の悪化に直接には加担していないエージェントに対しても，かれらが構造に対して負うであろう責任を明るみに出すことができる点にある。そのようなアプローチによって明確にできる責任とは，たとえば以下のようなものだ。

まず，国際製品市場や国際金融市場における競争の激化が，地球的な格差の拡大に結びついている点を踏まえると，道義的，法的責任を帰するべきは，多国籍企業（MNC）・国際金融資本（MNFI）の強欲（greed）かもしれない。先ほどもみたように，かれらの一部は，全体のシステムを損なってまでも利潤を得ようとして行動する。

企業経営者がコンプライアンスを遵守したとしても，グローバル化のなかでの倫理意識の低下，進出先政府との癒着，投機的行動などが貧困国の人びとの境遇を悪化させている可能性があり，かれらに行動の改善を要求できる場合がある。多国籍企業が途上国に進出する場合，現地の倫理基準が先進国のそれより緩慢であるとかれらが認識する例が多いからだ。

もとより，国連が音頭をとって推進し，数千の企業が参加している「グローバル・コンパクト」は，競争の激化にともなう企業倫理の低下への懸念から，企業に責任の自覚を促すという趣旨で考え出されたものであった。

そこには，企業が進出先で履行すべき義務として，「労働者とその家族が基本的な健康，教育，住宅へアクセスできるようにする」，また「地域社会の経済生活を保護する」などが謳われている。

つぎに，その企業が本拠をおく先進国の政府もまた，責任を免れているわけではない。「企業活動の自由」を口実に，倫理的に問題のある企業を規制する手段を持とうとしない。それればかりか，先進国の政府は，途上国の貧困解消には役立ち得ないと知りつつも，腐敗政府と外交的なお付き合いを続け，その政府に武器支援すら行ってきた。

さらに，近年のエネルギー価格の世界的な高騰のなかで，資源などの見返りを目的とした不自然な援助，とくに資源を売却してくれる可能性が高いという理由で一部勢力（紛争当事者）に的を絞って行われる援助が問題視されている。この点もまた，途上国の窮状の改善を妨げている可能性がある。

一般的に先進工業国は，貿易への制限撤廃の名のもとで，輸出品目が農産物単純加工品などに限られている途上国に対して，産業育成のための補助金の撤廃を迫り，一方で自らが持つ関税の裁量権や農業補助金の継続を交渉で認めさせるなど，自由貿易の名にもとる行動をとっているといわれる。

くわえて，先進国が有力な出資者となっているIMFや世銀などの国際機関も，少なからぬ責任を負っている。ときにそれらは，持続可能性への配慮なしに途上国に対して自由化や規制緩和を急がせ，現地の実情を無視した助言を行ってきた。それによって現地の政策プライオリティーが転倒し，貧困対策が後回しにされたというケースも報告されている。

途上国の多くは，コンディショナリティーの受け入れが任意だったとしても，やはり融資を得るためにそれらを「受け入れねばならない」と考える傾向が強い。国際機関も，その点を承知のうえで，現地の情勢にそぐわない改革条件を課す場合もある。何よりも，途上国は，「加盟，脱退の自由」という建前があったとしても，WTOなどの国際機関を脱退することは不可能なのである。

他方，先進国の市民もまた，無知，傍観，そして援助の出し惜しみ，消費者の気まぐれな選好などを通じて，この構造の存続に深くかかわっている。それればかりか，先ほどの国際金融資金の強欲の背景には，資金の運用を託した主である先進国市民の強い要望があったといわれる。

先進国市民は，運用が不透明なことを知り得る立場にありながら，高い

収益性を期待して，国際金融資本やヘッジファンドのなりふり構わぬ活動を容認しているふしがあった。実際に，ヘッジファンドを生んだところの，システムの安定化を無視した国際金融工学の危険性について先進国市民が省みる機会を与えられたのは，2008年の金融危機によって自らが大きな損出をこうむったのちであった。

援助についていえば，途上国の市民がそこに注文をつけられる立場にいないのとは反対に，先進国市民は，税金の使途を監視する権限によって，援助が現地の人びとのニーズにかなっているかどうかをモニターすることができる。なし得る立場にある者がそれをなさないとすれば，怠慢と批判されても仕方ないかもしれない。

もちろん，援助を受けとる貧困国の政府の責任も小さいとはいえない。とくに，開発についての誤った戦略，ガバナンスの失敗，弱者のネグレクト，援助の吸い取り，政治家の腐敗，軍備への浪費，少数者への差別と抑圧などが持続可能な発展の障害となっている。

そのような政府のもとで暮らす市民に対しても，コミュニティーの不在，弱者を食い物にする現地ビジネス，連帯意識の欠如，販売先としての海外の優先，などの責任を指摘することができる。

いずれにしても，このように考えると，貧困や飢餓，そして地球的不平等という「体制」や「構造」は，まさしくあらゆる人びとがそれぞれの場面で関与の連帯責任を免れない地球的問題なのである。

6　Young, *op.cit.*, p. 186.

7　シンガーとは別な意味において，富裕な国家の市民全体に行動の責任が発生するという見解を示しているのが，カント主義者オニールである。彼女によると，富裕な市民は，窮乏にあえぐ他地域の市民と社会関係のなかにいて，しかもカントのいう理性的な存在の「人格の尊重」に抵触するかたちで，途上国の市民の脆弱性や無知に乗じて利益を得ている。さらに富裕な市民は，富裕になる手段として途上国の市民を取り扱い，ときに後者を欺いて，後者にある種の行動を強制することさえある。このように考えると，飢餓状態にある人びとを救済する義務は，まさしくカントによる「他者の人格の尊重」という定言命題に基づくものとみなされる。Onora O'Neill, *Faces of Hunger: an Essay on Poverty, Justice and Development* (London: Allen and Unwin, 1986); *Toward Justice and Virtue: A Constructive Account of Practical Reasoning* (Cambridge: Cambridge University Press, 1996).

8 Peter Singer, "Outsider: Our Obligation to Those beyond our Borders", Deen K. Chatterjee (ed.), *The Ethics of Assistance: Morality and Distant Needy* (Cambridge: Cambridge University Press, 2004), p. 14.

9 Peter Singer, "Famine, Affluence, and Morality", *Philosophy and Public Affairs*, 1 (1), Spring 1972. pp. 229–43.

10 なお，クーパー（Andrew Kuper）は，シンガーの提案を，利己心に慈善を対置するという心理学的な解決方法とみなし，その現実的な効果を疑っている。クーパーによると，貧困や飢餓の根本的解決をもたらすには，貧困や飢餓を排除と包摂という視点からとらえなおし，なお，苦境にある人びとをグローバルなガバナンスの過程に持続的に包摂する必要がある。そのような理論の裏付けを得た「制度的な改革」が，道義的な教説より優先されなければならないのである。

これに対して，シンガーは，理論的な厳密さへの指向は「現実の諸個人の切迫した苦境」から目をそらすことの原因になると述べ，クーパーへ再反論を試みていた。この論争に関しては，以下を参照せよ。Andrew Kuper, "Global Pverty Relief: More Than Charity"; Peter Singer, "Poverty, Facts, and Political Philosophies: A Debate with Andrew Kuper", Andrew Kuper (ed.), *Global Responsibilities: Who Must Deliver on Human Rights* (New York and London: Routledge, 2005), pp. 155–81.

11 Friedrich A. Hayek, "The Principles of a Liberal Social Order", *Il Politico*, 31 (4), Turin, 1966. 山中優監訳「自由主義社会の秩序はどうあるべきか」，『ハイエク全集 II–5：政治論集』（春秋社，2009 年），83 頁。

12 Michael Walzer, "The Moral Standing of States: A Response to Four Critics", in *Thinking Politically: Essays in Political Theory* (New Haven: Yale University Press, 2007), p. 220.

13 M. Walzer, *Thick and Thin*, p. 8. 邦訳 29 頁。

14 Mervin Frost, *Ethics of International Relations: A Constitutive Theory* (Cambridge: Cambridge University Press, 1996), pp. 151–53. なお，20 世紀以前のリベラル・コミュニタリアンで自決をとくに強調したのは，これを「文明国」の共存倫理の柱に据えた J. S. ミルであった。ウォルツァーもフロストも，ミルのつぎのエッセイの影響下にあるといってよい。John Stuart Mill, A Few Words on Non-Intervention, John M. Robson (ed.), *The Collected Works of John Stuart Mill* (Toronto:

University of Toronto Press, 1984), Vol. XXI, pp. 118–24.

15　M. Walzer, *Thick and Thin*, p. 69. 邦訳119頁。

16　M. Walzer, *Thick and Thin*, p. 81. 邦訳136頁。

17　John Rawls, *Justice as Fairness: A Restatement*, ed. by Erin Kelly (Cambridge Mass.: Harvard University Press, 2001), p. 13. 田中成明ほか訳『公正としての正義 再説』(岩波書店, 2004年), 23頁。

18　John Rawls, *The Law of Peoples* (Cambridge Mass.: Harvard University Press, 1999), esp. §§ 4 (The Principles of the Law of Peoples) & 5 (Democratic Peace and Its Stability), pp. 35–54.

19　Chris Brown, *Sovereignty, Right and Justice: International Political Theory Today* (Cambridge: Polity, 2002), p. 177.

20　以下を参照せよ。David Miller and Michael Walzer (eds), *Pluralism, Justice, and Equality* (Oxford: Oxford University Press, 1995).

21　J. Rawls, *The Law of Peoples*, pp. 38–39. 邦訳52頁。

22　M. Walzer, *Thick and Thin*, p. 79. 邦訳130頁。

23　Charles R. Beitz, *Political Theory of International Relations* (Princeton: Princeton University Press, 1979), pp. 143–53. 進藤栄一訳『国際秩序と正義』(岩波書店, 1989年), 216–27頁。

24　今日のコスモポリタンにとって, 普遍的な道義が成立することの有力な根拠のひとつは, グローバル化のなかで人間が「相互的な危害」という因果論的な間柄に立つに至ったことである。この点については, 以下の論考を参照せよ。Andrew Linklater, “Cosmopolitan Harm Conventions”, Steven Vertovic and Robin Cohen (eds), *Conceiving Cosmopolitanism: Theory, Context, and Practice* (Oxford: Oxford University Press, 2002), pp. 554–67; Andrew Linklater and Hidemi Suganami, “Cosmopolitanism and the Harm Principle in World Politics”, Andrew Linklater and Hidemi Suganami, *The English School of International Relations: A Contemporary Reassessment* (Cambridge: Cambridge University Press, 2006), pp. 155–88.

25　Thomas Pogge, “Real World Justice”, *The Journal of Ethics*, 9, 2005. 児玉聡訳「現実的な世界の正義」,『思想』993, 2007年, 97–123頁参照。

26　Thomas Pogge, *World Poverty and Human Rights: Cosmopolitan Responsibilities and Reforms* (Cambridge: Polity Press, 2002), Partially Reprinted in Thom Brooks (ed.), *The Global Justice Reader*

(Malden, MA: Blackwell Publishing, 2008), p. 375.

27 T. Pogge, "Real World Justice", 邦訳116頁。

28 なお，ポッゲやクーパーらの「制度的アプローチ」に対する批判としては，かれらの解決策が超国家的な機関や制度を必要とするため，その機関や制度にどのように正当性を供給するか，官僚制をどう阻止するか，課税制度をどうつくるかなどといった新たな問題を引き起こす恐れがあるというフラー（Lisa L. Fuller）の指摘をあげておく。

彼女は，シンガーの「個人的道義心アプローチ」とポッゲの「制度的アプローチ」の両者を批判しつつ，NGOという市民社会や中間団体による貧困・飢餓撲滅のためのアクションを，問題の解決に貢献する実用的なアプローチとして提案している。Lisa L. Fuller, "Poverty Relief, Global Institutions, and the Problem of Compliance", *The Journal of Moral Philosophy*, 2 (3), 2005, pp. 285–97.

29 M. Walzer, *Thick and Thin*, p. 81. 邦訳138頁。

第7章　戦争史という思想

1 E. H. Carr, *What is History?: The George Macaulay Trevelyan Lectures delivered in the University of Cambridge*, January-March, 1961 (London: Macmillan, 1961). 清水幾太郎訳『歴史とは何か』(岩波新書, 1962年)，141頁以下参照。

2 Eric Hoffer, *Before the Sabbath*, (New York: Harper & Row, 1979). 中本義彦訳『安息日の前に』(作品社，2004年)，158頁。このifは，「ヒトラーがユダヤ人を産業や科学に従事させていたら，原子爆弾を手にしていたかもしれない。ユダヤ人に対して慈悲深い態度をとってさえいれば，おそらくイギリスやフランスとうまくやっていけたであろうし，東ヨーロッパを意のままにできただろう。自由世界との交渉にユダヤ人を利用することさえできたかもしれない」につながっている。ほかにも，「もし，文明的で真にヨーロッパ的なヒトラーが現れていたら，ヨーロッパを結集させていたかもしれない」(53頁) などがある。

3 John Lewis Gaddis, *The Landscape of History: How Historians Map the Past* (Oxford: Oxford University Press, 2002). 浜林正夫・柴田知薫子訳『歴史の風景——歴史家はどのように過去を描くのか』(大月書店, 2004年)，117–31頁。ギャディスによると，国際関係論者が反実史を手がけるさい，問うに価する疑問のひとつは，「もし，日本が仏領インドシナ

を占領したときにアメリカが日本へ石油禁輸を課さなかったら」である。

4 Earnest R. May, *Lessons of the Past: The Use and Misuse of History in American Foreign Policy*, (Oxford: Oxford University Press, 1973). 進藤榮一訳『歴史の教訓――アメリカ外交はどう作られたか』(岩波現代文庫，2004年)，iii頁。なお，以下の論文でメイは，太平洋戦争の今日的意義を考える際に反実仮想がいかに有効かを論じている。アーネスト・R. メイ「20世紀と太平洋戦争の意味」，細谷千博ほか編『太平洋戦争』(東京大学出版会，1993年)，551–61頁。

5 Gordon A. Craig and Alexander L. George, *Force and Statecraft: Diplomatic Problems of Our Time*, 3rd ed. (New York: Oxford University Press, 1995). 木村修三ほか訳『軍事力と現代外交――歴史と理論で学ぶ平和の条件』(有斐閣，1997年)，174頁以下参照。

6 Robert Cowley (ed.), *What If?: The World's Foremost Military Historians Imagine What Might Have Been* (New York: Berkley Books, 1999), pp. xi–xiii.

7 反実仮想の導入を提案する国際関係論者も，その無制限な使用を許しているわけではない。たとえばジョセフ・S. ナイ・Jr は，論者が守るべき掟《おきて》のひとつとして，「もっともらしい」仮想をあげている。すなわち，代替的な選択肢の信憑性が，証言や文書などで裏付けられなければならないのである。

ナイがとりわけ重視するのは，仮想される事物や事件の「近接性」である。たとえば，「もし，第一次大戦で交戦国のいずれかが核兵器を保有していたら」という仮定は，時代錯誤であって反実仮想ではない。しかし，「もし，ナチス・ドイツが原爆開発に成功していたら」という想定は，検証に価するものと考えられる。Joseph S. Nye, Jr., *Understanding International Conflicts: An Introduction to Theory and History*, 4th ed. (New York: Pearson Education, Inc.), pp. 51–53. 田中明彦・村田晃嗣訳『国際紛争――理論と歴史』(有斐閣，2002年)，67–70頁。

一方，ギャディスによると，反実仮想を「繰り返すこと」は避けなければならない。すなわち，すべてを操作可能であるとみなせば，「起こったかもしれない」出来事は無限に増えてゆく。そうすると，最重要な要因を確定することができなくなるであろう。そこでギャディスは，ほかの条件を等しくおいたまま1つの変数を動かすことが許されるに過ぎない，と語っている (J. Gaddis, *op. cit.* 邦訳130頁)。

8 William H. McNeill, *The Pursuit of Power: Technology, Armed Force, and Society since A. D. 1000* (Chicago: Chicago University Press, 1982). 高橋均訳『戦争の世界史――技術と軍隊と社会』(刀水書房, 2002年), 477頁。

9 J. Gaddis, *op. cit.* 邦訳 131 頁。

10 W. McNeill, *op. cit.* 邦訳 419–30 頁。

11 Michael Nicholson, *Causes and Consequences in International Relations: A Conceptual Study* (London: Pinter, 1996), pp. 48–53.

12 William R. Thompson, "A Streetcar Named Sarajevo: Catalyst, Multiple Causation Chains, and Rivalry Structure", *International Studies Quarterly*, 47 (3), 2003, pp. 453–74.

13 Richard Ned Lebow, "Contingency, Catalysts, and International System Change", *Political Science Quarterly*, 115 (4), 2000–01, pp. 591–616. なお，ナイも同様な仮想を展開して，第一次大戦が不可避ではなかったことを論証している。J. Nye, Jr., *op.cit.*, p. 76. 邦訳 98 頁。

14 J. Nye, Jr., *ibid.*, pp. 77–78. 邦訳 100–101 頁。

15 Hans J. Morgenthau, *Politics among Nations: The Struggle for Power and Peace*, (New York: Knopf, 1946). 現代平和研究会訳『国際政治――権力と平和』(福村出版, 1986年), 424頁。

16 Gavriel Rosenfeld, "Why Do We Ask 'What If?': Reflections on the Function of Alternate History," *History and Theory*, 41 (4), December 2002, pp. 90–103.

17 トゥキュディデス，久保正彰訳『戦史』，村川堅太郎責任編集『ヘロドトス トゥキュディデス（世界の名著 5)』(中央公論社, 1970年）に収録, 383–84頁。

18 *The Cambridge History of Warfare*, ed. by Geofrey Parker (Cambridge: Cambridge University Press, 2005), p. 361.

19 油井大三郎「世界戦争の中のアジア太平洋戦争」，倉沢愛子ほか編『なぜ，いまアジア・太平洋戦争か（岩波講座アジア・太平洋戦争 1)』(岩波書店, 2005年), 262頁。

20 Barton J. Bernstein, "The Atomic Bombings Reconsidered", *Foreign Affairs*, January-February, 1995. フォーリン・アフェアーズ・ジャパン編・監訳『フォーリン・アフェアーズ傑作選 1922–1999――アメリカとアジアの出会い（下巻)』,（朝日新聞社, 2001年）に邦訳収録, 220頁。

21　Robert Cowley, "The Soviet Invasion of Japan", in Cowley (ed.), *What if?: The World's Foremost Military Historians Imagine What Might Have Been* (New York: Berkley Books, 1999), p. 349.

22　B. J. Bernstein, *op.cit*. 邦訳226頁。

23　油井，前掲論文，238-39頁。

24　John Lewis Gaddis, "Order versus Justice: An American Foreign Policy Dilemma", Rosemary Foot, John Lewis Gaddis and Andrew Hurrell (eds.), *Order and Justice in International Relations* (Oxford: Oxford University, 2003), p. 159.

25　John W. Dower, *War without Mercy: Race and Power in the Pacific War* (New York: Pantheon Books). 猿谷要監訳，斉藤元一訳『人種偏見――太平洋戦争に見る日米摩擦の底流』(阪急コミュニケーションズ，1987年)，72-73頁。

26　「日本外交の過誤」，小倉和夫『吉田茂の自問――敗戦，そして報告書「日本外交の過誤」』(藤原書店，2003年) に所収。

27　元外交官で評論家である岡崎久彦も，『歴史の教訓』で戦間期の日本外交の失敗要因を探るのに，「ヒストリカル・イフ」を多用している。岡崎は，「日英同盟さえ廃棄していなかったら」，昭和天皇が親英米でもあり，日本はイギリスの意向を重視したから，満州事変は起こらなかったと断言する。さらに岡崎は，日本の「致命的な失敗」が日英同盟の廃棄と真珠湾攻撃にあったと見なし，「それ以外は全て挽回可能であった」と述べている。しかしこのような教訓は，「やはり日米同盟が大事」(210頁) という主張に連接する前段の役割を果たしているように読むこともできる。『歴史の教訓――日本外交・失敗の本質と21世紀の国家戦略』(PHP研究所，2005年)，140-41頁。

28　Akira Iriye, *The Origin of the Second World War in Asia and the Pacific* (London: Longman, 1987). 篠原初枝訳『太平洋戦争の起源』(東京大学出版会，1991年)，250-51頁。

29　入江昭「太平洋戦争の教訓」，細谷千博ほか編『太平洋戦争』(東京大学出版会，1993年)，630頁。

30　荒川章二「日本近代史における戦争と植民地」，倉沢愛子ほか編『なぜ，いまアジア・太平洋戦争か (岩波講座アジア・太平洋戦争1)』(岩波書店，2005年)，163-69頁。

31　木畑洋一『第二次世界大戦――現代世界への転換点』(吉川弘文館，

2001年)，23-24頁。

32 池田清『日本の海軍（躍進篇)』(朝日ソノラマ，1993年)，318頁。

33 田原総一郎『日本の戦争』(小学館，2000年)，407頁。

34 入江昭「太平洋戦争の教訓」，細谷千博ほか編，前掲書，631頁。

35 国際関係論で共有される歴史が，国家，主権，安全，勢力均衡を「現実」とみなすモダニズムの呪縛を受けた「語り」であるという解釈については，Thomas W. Smith, *History and International Relations* (London: Routledge, 1999), pp. 148-78を参照せよ。

36 Keith Jenkins, *Re-thinking History* (London: Routledge, 2003). 岡本充弘訳『歴史を考えなおす』(法政大学出版局，2005年)，とくに第二章参照。

37 もっとも，戦争についていえば，ソ連が1949年に核報復能力を手にして「核の均衡」と「相互確証破壊」(MAD) という発想が生まれてから，核兵器に「もし，使われていたら」というシナリオは描きようがなくなった。「もし，キューバ危機で核ミサイルボタンが押されていたら」，のちに推理を受け持つ人間自体が存在していなかったかもしれないことを考えると，少なくとも核戦争についての反実史は，学問やノン・フィクションの扱うテーマではなくなったといえる。

しかし他方で，戦争の悲惨さ，愚かさ，恐ろしさを体感させる任務を負った国際関係論は，20世紀の後半に映像という力強い味方を得ることができた。いや，現代戦についての教訓を導くという役割の多くは，すでに「渚にて」「ザ・デイ・アフター」など映画というバーチャルな技法に引き継がれたのかもしれない。そのことの功か罪かは定かでないが，9.11事件以降，アメリカの「テロとの戦い」の言説に必ず顔を出すのが，「もし，あれが核爆弾だったら」である。

日本人の側からの反実仮想として，冷戦時に限定核戦争を仮想し，シェルターを使っても核戦争を生き延びる自信のあったアメリカ人を評して歴史学者・鯖田豊之が語った，「もし，アメリカのどこかに原子爆弾が投下されていたとすれば」，伝統的な戦争好きが少しは薄れて，欧米諸国にも被爆国日本と同じように「戦争を死と直接に結びつける機運がたかまったのではなかろうか」という推理を紹介しておきたい。鯖田『日本人の戦争観はなぜ「特異」なのか——日本と欧米の比較にみる戦争と人間の風土』(主婦の友インフォス情報社，2005年)，277-78頁（『戦争と人間の風土——日本を考える一つの指標』新潮社，1967年の改題復刊)。